滄海叢刊
史地類

精忠岳飛傳

李安著

東大圖書公司

網路書店位址 http://www.sanmin.com.tw

© 精忠岳飛傳

著作人 李 安
發行人 劉仲文
著作財產權人 東大圖書股份有限公司
臺北市復興北路三八六號
發行所 東大圖書股份有限公司
地址／臺北市復興北路三八六號
電話／二五〇〇六六〇〇
郵撥／〇一〇七一七五——〇號
印刷所 東大圖書股份有限公司
門市部 復北店／臺北市復興北路三八六號
重南店／臺北市重慶南路一段六十一號
初版一刷 中華民國六十九年七月
初版二刷 中華民國九十年五月
編 號 E 78011
基本定價 參元貳角
行政院新聞局登記證局版臺業字第〇一九七號

ISBN 957-19-0511-9 (平裝)

岳飛畫像（湯陰岳氏宗祠珍藏）

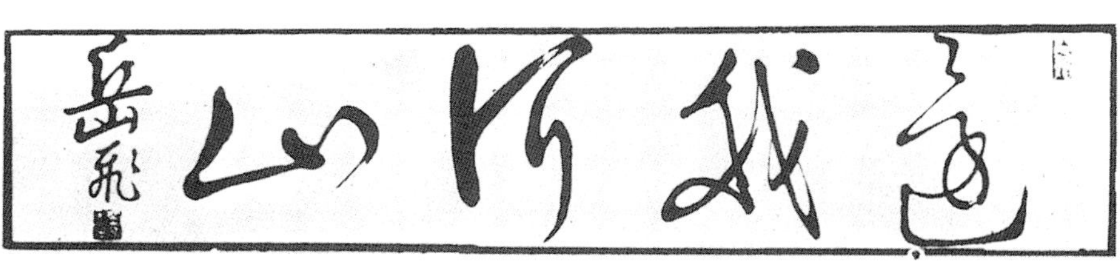

岳飛手蹟

先總統　蔣公偕夫人攝於杭州岳王墓前

杭州岳王廟正殿

湯陰精忠廟正殿

宜蘭岳武穆王廟外貌

台北市林森公園中恭塑岳飛銅像

嘉義市恭塑岳飛銅像

自序

作者籍隸河南省湯陰縣，幼秉庭訓，家嚴每以鄉先賢岳武穆的嘉言懿行相勗勉。中年當選本縣出席省議會參議員與國民大會代表，幸得與史學大師時任國立河南大學校長姚從吾先生（同為國大代表）過從請益，承蒙啓示，遂潛心研習宋史。避秦來臺，尤幸得與姚先生毗居近鄰，請教更為便利，乃本一得之愚，以二十年時間，先後撰成岳飛史蹟考、文天祥史蹟考（均正中書局出版）、岳飛史事研究、文天祥年譜（均商務印書館出版）四書。很榮幸的，岳飛史蹟考一書得獲五十九年度嘉新文化基金會優良著作獎第一名。從此，考證更求嚴謹，每當拙作再版出書時（按岳飛、文天祥二書均已出第三版），必詳修正，妥為補充。

近年以來，多承友好並讀者函囑，以為近六十萬言的「岳飛史蹟考」，係屬專題研究性質。希就所得史料菁華，再撰寫一本簡明深入、適於社會大衆及軍中人士閱讀的岳飛傳，用便易於瞭解他畢生致力「還我河山」的真正史實，激發光復大陸國土的愛國情操。爰本斯旨，詳加構思，擬定目次，執筆撰寫，以成此書。

有須特別說明者：本書內容係依宋史與史學名著如李心傳撰「建炎以來繫年要錄」、岳珂撰「金佗粹編」、徐夢莘編「三朝北盟會編」等書，就事論事，考證敘述，供備讀者閱後自然辨正世俗流傳「精忠演義說本岳王全傳」（俗稱岳傳或說岳全傳）中的許多虛構；及若干神話觀念。至於何以名曰「精忠岳飛傳」？乃根據宋高宗皇帝趙構為獎勵有功，曾頒授御書「精忠岳飛」旗，令行師必建之的出處。

全書共分十二章，卽以十二單元，舉述其一生三十九年的重大史實，對於最後寃獄賜死的真相內情，尤有詳考分析。且以附錄方式，列誌年表、歷任官職一覽表、行止略圖、宋史岳飛傳全文、家屬簡表曁母妻同受國葬述要、詩詞歌文著作時地考註等六則；復加紀念性照片多幀，以供參考。倘因本書之成，得以弘揚岳武穆的潛德幽光，加深認識他是治史必須重視「世運興衰」、「人物賢奸」的「與」、「賢」範例，有裨於匡正世道人心，加速反攻復國大業的早日成功，乃尤為作者之不盡企禱。

中華民國六十九年　岳飛八七七年誕辰紀念日　李　安　自序於臺北

精忠岳飛傳 目次

第一章　國家憂患　人傑誕生

宋朝的第一位皇帝趙匡胤，伐周而主中國，在位十六年，由於尊孔子，舉賢良，寬厚待人，以不殺爲威，臣民悅服，很快的便把荆南、後蜀、南漢、南唐的割據局面消失，政權軍權統一。其弟趙匡義繼位以後，勵精求治，五代十國的境土，已漸次皆爲宋有，國勢強盛，但伐遼沒有成功；西夏歸順又復生變。他德性不佳，背母負兄，刻薄弟姪，在位二十二年，傳其子趙恒，是爲眞宗。景德元年（西元一〇〇四）十月，契丹族遼國君主與母蕭太后親帥精兵入寇，兵臨今河北省濮陽縣（宋名澶淵）城下，眞宗接納寇準建議，親自駕臨澶淵督師應戰，士氣大振。然眞宗對議和之說很感興趣，乃遣使議和，允納契丹銀十萬兩、絹二十萬匹，結盟爲兄弟之國，史稱「澶淵之盟」。無如眞宗不知從此覺醒，且聽信王欽若邪說，造寺觀，設齋醮，君臣上下，互爲欺謾，宋朝國家局勢從此轉變。仁宗繼位之初，太后臨朝，政非已出，閹寺專恣，權臣弄柄。親政以後，銳意革新，罷修寺觀，禁獻瑞物，尊孔興學，定科取士，擢用良臣，韓琦、范仲淹、文彥博、富弼、曾公亮、歐陽修、司馬光等，皆一時之選。惜其仁厚有餘，威武不足，是以外則納幣契丹，撫柔西夏；內則恩寵過濫，賜予不節。雖有良臣，而不能收漢唐政治績效。神宗繼位，慨然有湔雪國恥，收復被遼佔據燕雲各州（今河北、山西省北部地區及察哈爾、綏遠省境）之志，求直言，察民隱，委任王安石變法圖強。然因操之過急，變法不以其道，遭致人心日離，民生困苦，年三十八歲病逝。哲宗繼位，又於二十五歲之年早逝。哲宗性情褊狹，斥君子，近小人，君臣上下，日以報復爲能事，朝政日衰，國勢日弱，金人外患的遠因，肇始於此。

徽宗在位二十五年，五度更易年號，一曰建中靖國，二曰崇寧，三曰大觀，四曰政和，五曰宣和。他多才藝，善書畫，崇信道教，自稱教主道君皇帝。以奸臣蔡京（福建仙遊人），先後爲相二十年，蔡與掌握兵柄二十年的童貫朋比爲奸，權傾內外，混亂是非，愚庸的徽宗墮其彀中，君臣相偕侈靡，視財物如糞土，以致民不聊生，於是盜賊四起，最著名的宋江（今山東鄆城縣人）橫行河朔，轉掠十郡。浙江方臘更是結合二十萬人，擾亂東南。好不容易加以平復，但因約金合兵滅遼，金兵大勝，而宋統軍的童貫則敗歸，遭致金人藉口，大舉南下。宋對抗無力，迫使徽宗在強敵壓境時，禪位欽宗，終致二帝被金人俘執北去，囚死於五國城（今合江省依蘭境）。

岳飛於徽宗崇寧二年（一一〇三）農曆二月十五日誕生於相州湯陰縣（今河南省湯陰縣）永和鄉孝悌里程崗村，一代人傑，生逢國家多難，以力抗金人，誓雪國恥，垂名青史。誕生之時，有鳥若鵠，飛鳴屋上，父親岳和因以名飛，字鵬舉。

按金人女眞族，唐虞時稱肅愼氏，東漢時稱挹婁，隋唐時稱靺鞨，唐睿宗封之爲渤海郡王，玄宗時賜其部長突利稽姓名曰李獻誠。後唐明宗時，渤海爲契丹呑併而對遼稱臣。嗣復漸起改號爲女眞。居於混同江（卽松花江）附近者稱熟女眞，其他地者稱生女眞。到了遼天祚十五年（一一一五）元旦，生女眞節度使完顏阿骨打叛遼，自稱大金皇帝，建都會寧（今吉林省阿城縣南之白城，卽其故址。在哈爾濱市東約九十華里）。卽位時言，遼以賓鐵爲號，取其堅也。賓鐵雖堅，終亦變壞，惟金不變不壞，於是國號「大金」。金人從此滅遼侵宋，宋朝外患由此初生。

岳飛生平史事，要如下述，其詳誌於二至十二章及附錄。

岳飛（一一〇三——一一四一）字鵬擧，宋相州（今河南省北部）湯陰人。少負氣節，喜讀經史，勤習兵法。二十歲從軍，征程遍及今黃河、長江、珠江流域十七省市，每戰必捷。光復建康（今南京），底定中原，奠南宋一百五十餘年基業，史書每多稱之。高宗皇帝許曰，中興之事，朕一以委卿，御書精忠岳飛製旗獎之。拜太尉、授少保、開府儀同三司，封武昌郡開國公，任武勝定國軍節度使、湖北京西路宣撫使兼營田大使、河南北諸路招討使。金人懼，稱曰撼山易撼岳家軍難。秦檜通敵，獻策調任樞密副使，誣陷死。世不平，詔復官，謚武穆，又謚忠武，封鄂王，立廟祀，額名忠烈。元修宋史，列誌傳記。明朝開國，敬爲民族精神象徵，詔封靖魔大帝，從祀歷代帝王廟。清季乾隆贊曰偉烈純忠。民國以來，定制關岳合祀，以武聖尊之。生平於事功之外，文章書法與天性純孝，並爲後世所重，與勳名同垂不朽。

第二章　家世家教　修武修文

岳飛身世，在他的第三世孫岳珂所纂「金佗祠事錄」(俗稱岳氏宗譜)中，紀載詳明，照錄於下：

「神農生姜水，以姜爲姓，歷傳至垂，仕唐堯爲共工，子伯夷爲虞舜秩宗，胙四岳，佐禹治水有功，禹封爲呂侯，子長伯子襲父封，以國爲氏曰呂。次仲子官太岳，以官爲氏曰岳。自仲子受姓後，歷傳至休，世居山東東昌府聊城縣，休仕周官至節度使，五傳至渙，字釁桂，仕宋爲令使，卽王之高祖，始由東昌徙河南相州之湯陰永和鄉孝悌里，是爲湯陰始遷祖，配閔氏，子二：長成、次德，成卽王曾祖父，字舜福，以王貴贈太師魏國公，配楊氏，贈慶國夫人，子一立。立卽王祖父，字乾祿，以王貴贈太師唐國公，配許氏，贈越國夫人，子二：長和、次睦，和卽王考，字坤鑄，以王貴贈顯慶侯，追贈太師隋國公，配姚氏，封魏國夫人，贈周國夫人。」

他出生的地方是現今湯陰縣東稍微偏南距縣地三十五華里的程崗村，清朝錢彩編的「精忠演義說本岳王全傳」誤爲岳家莊，以致劇本說唱都說他家岳家莊。祖墳在縣東二十五里周流社。民國三十四年對日抗戰勝利，湯陰實施新縣制，重劃鄉鎭地區，將其地編稱「古賢鄉」，紀念這一位本縣傑出先賢。

程崗村在平漢鐵路未通以前，村前臨交通要道，故宅在程崗村西端，北宋時代屬湯陰縣永和鄉孝悌里。他的高祖名渙字釁桂，仕宋爲令使，自山東聊城縣徙居此地，爲程崗岳氏始祖。曾祖名成字舜福，祖父名立字乾祿，父親名和字坤鑄，皆居此以耕讀爲業。故宅面積約佔地五畝，明景泰初年侍講學士徐有貞出鎭彰德，前來訪察，嗣經鄉人就地改建爲「岳帝廟」；因明朝洪武九年（一三七六年）岳飛已蒙從祀歷代帝王廟，萬曆四十三年（一六一五年）復有詔加封爲「三界靖魔大帝保刧昌運岳武王」之故。由宋迄明，故居房舍多已不存，且因他的家族隨軍南渡，故宅房舍位置久失其考。現在「岳帝廟」作者於抗戰勝利後三十五年五月當選本縣（湯陰）省議員回鄉之時，曾偕同縣議會議長郭英林、保安團團長廉瑞亭及岳武穆二十七世孫岳佐臣等前往致祭，所見情況爲：門廳三楹題有「岳王廟」額，進大門築引路、祭臺達正殿，大殿供武穆夫婦塑像。殿左方有樓房一所，供武穆父母神位，相傳此樓卽係武穆出生房屋所改建。右方爲幼女銀瓶祠。正殿兩旁各有房三大間，左爲管廟岳氏族人所居，右爲五侯祠，供武穆五子雲、雷、霖、震、霆神位。所以稱五侯祠者，因岳飛於南宋寧宗嘉泰四年（一二〇四年），追封鄂王後，五子亦皆封侯。按岳雲封繼忠侯，岳雷封紹忠侯，岳霖封纘忠侯，岳震封緝忠侯，岳霆封續忠侯。又程崗村現有岳氏族人並不多，蓋皆居於城內岳廟街。

宋史岳飛傳（列傳卷一二四）對武穆家世未詳考載，僅云「父和，能節食以濟饑者，有耕侵其地，割而與之。」既云「侵其地，割而與之」，可見其乃有地，未必絕對是貧戶。但又云「家貧」，是以作者輒以「岳飛家貧」究至若何程度存疑。茲幸於細讀岳珂撰「金佗粹編」在「先臣和遺事」一節之中，求有答案。據之以知岳飛之父岳和有瘠田數百畝，並非貧戶。按湯陰由宋迄今，鄉地仍多旱田，無水利設施，靠天落雨，方能耕耘，自然多屬瘠田。其有數百畝者，即可以稱上等農業。但逢旱年歉收，雖富亦貧。因岳飛自我謙遜，於文牘之中常自稱「出身寒微」，故史傳稱其「家貧」。茲錄岳珂原文於後，以見武穆父和之仁厚與所留田地數目：

「自先臣成而下，皆以力田爲業。及先臣和時，有瘠田數百畝，僅足廩食。河北屢歉，饑者多；先臣和常以脫粟數升，雜蔬爲糜，與家人旦暮食取半飽，盡以其餘呼道路饑者均而食之。家人有不堪者，先臣和謂之曰：彼饑者，亦人耳，而能一二日不食，吾與若日再食，而猶欲求飽耶，吾欲裁有僅有，濟人之絕無耳。人有侵其地以耕者，割而予之，無爭意。有貸其財而弗償者，折劵棄之，無慍色。雖甚窶乏，未嘗悔，鄉人重敬之。」

從史傳之中，可以瞭解岳飛是天資敏悟，習性沉厚寡言，生有神力，未足二十歲，即能「引弓三百斤，弩八石」。除習射於周同外，父和聘塾師講授書史，教習書法，他「強記書傳，無所不讀，尤好左氏春秋、孫吳兵法，或達旦不寐」。習文修武，悉重要領，爲語言文字，皆析義理，「若精思而得者」。他深切感謝周同老師教能左右射，周同死，守墓之外，朔望致禮特別恭謹，其時他年十九歲，女眞完顏阿骨打稱帝已七年，遼國被侵，宋朝內憂外患日益緊迫，父和知國難之將臨，撫問之曰：「使汝異日得爲時用，其徇國死義之臣乎？」他說：「惟大人許兒以遺體報國家，何事不敢爲！」父和嘆慰曰：「有子如此，吾無憂矣！」次年，眞定府路宣撫劉韐募敢戰士，用防邊患，他往應募，使爲小隊長。未幾，父和病卒，奔喪返里，守孝侍母，居家力學，益有所成。

靖康元年（一一二六年）閏十一月二十五日金人陷汴京，在徽、欽二帝未被俘執北去之前，密詔康王趙構任天下兵馬大元帥開府相州（湯陰北五十里之安陽縣），母姚氏命遵父遺囑「從戎報國」，並於其背刺「盡忠報國」四字以勉，他畢生對於國家民族的貢獻，嚴正良好的家教，實有最大的影響。

第三章　內助賢淑　伉儷情深

岳飛十六歲時在湯陰故里與長他兩歲的夫人李氏名娃字孝娥結婚，夫人事略，岳氏宗譜有以下紀載：

「夫人名娃，字孝娥，年十八歸於王，時政和八年（一一一八）戊戌也。敬事尊嫜，懋著閫德。越己亥，長子雲生。及王秉節鉞，夫人日夕佐王籌軍事。王出軍，夫人必至諸將軍家存問其妻子，以故能得將士歡，咸願爲王盡死。王嘗赴行在，部下軍有謀叛者，夫人廉得之，不以言。一日會諸將於門，立命捕斬叛者，一軍肅然，其應變定猝類如此。先封正德夫人，晉秦國夫人，加封楚國夫人。附會獄成，與子雷從徙嶺南。蠻煙瘴雨，流離瑣尾者二十年。孝宗卹錄時，年已六十餘，始由嶺南以言旋，再享從前之封號，諸子並與補官，孫枝競秀，門祚再興。淳熙二年（按爲西元一一七五年）壽終江西，賜葬江州。」

岳夫人懿行，於上述傳略，可知梗概。其有更足稱道者，乃岳飛之孝其母，實多得力於其妻，此於「武穆行實編年」所述：「出師必嚴飭家人謹侍養，微有不至，責罰自妻始。」可以知之。

宋史稱岳飛有曰：「善以少擊衆，欲有所擊，盡召諸統制以謀，謀定而後戰，故有勝無敗，猝遇敵不動，故敵爲之語曰：『撼山易，撼岳家軍難。』考其練軍之所以能成鐵的紀律，每戰必勝，無敵不克，除謀而後戰之外，要在平時與士卒共甘苦，深得部屬及軍眷之人心。而此項基礎工作，亦多得力於其夫人之協助，此於「武穆行實編年」亦有如下紀述：

「諸將遠戍，武穆使夫人至其家問勞其妻妾，遺之金帛，申殷勤之勸，人感其誠，各勉君子以忠報。其有死事者，哭之盡哀，輟食數日，育其孤，或以子婚其女。士卒有疾，輒親造撫視，問所欲，至手爲調藥。」

又「武穆行實編年」載：

「武穆旁無姬妾，蜀帥吳玠素服武穆善用兵，欲以子女交驩，嘗得名姝有國色，飾以金珠寶玉，資奩鉅萬，遣使遺武穆，次漢陽，使者先以書至，武穆讀之甚不樂，即日報書，厚遣使者，而歸其女。諸將或請曰：相公方圖關陝，何不留此以結好？武穆曰：『吳少帥於飛厚矣。然國恥未雪，聖上宵旰不寧，豈大將宴安取樂時耶！』左右莫敢言。玠見女歸，益敬服以爲不可及。」

從以上紀事，得見他是志切雪恥復國，生活特別謹嚴。並得間接以知他重夫妻情感，不復另納姬妾，其對夫人也如此，夫人對之更是情感篤實，是以宗譜譽之曰「懋著閫德」。

按宋史岳飛傳亦有紀曰：「家無姬妾，吳玠素佩飛，願與交驩，飾名姝遺之，飛曰：『主上宵旰，豈大將安樂時！』却不受，玠益敬服。」

試觀上述，便知岳夫人乃我國歷史上一位傑出的女性，她是從事婦運，照顧軍人家屬的倡行人，以實際行動，襄助其夫君竭忠盡孝。無如其時秦檜私通金人，受兀朮指使，必殺岳飛，迎合秦檜以討好權勢之徒，乃惡意誣衊，訛言岳雲係岳飛養子，並非己出，張憲係岳飛女婿，故樂於效命，殊不知岳雲出生年日時地，宗譜可考，岳飛長女嫁婿高祚授承信郎，幼女十三歲卽因父難投井死。且更云岳飛有兩位妻室，前者改嫁，後爲續娶，以致徐夢莘「三朝北盟會編」有「故妻流隨淮卒」之紀載，李心傳撰「建炎以來繫年要錄」亦同訛誤，錄有「妻劉氏，後改適，在世忠軍中，飛遣錢三百千，奏聞。」一條。實則，詳考岳武穆文集，韓世忠奏書，均無其事。況且除了根據上節所錄岳夫人傳略可資辨正以外，查之建炎四年（一一三〇）七月岳飛上奏於朝的公文中卽有「乞將母妻爲質」之語，玆錄原文於後，以見其報國心志及其夫人當時已在軍次，更足以爲「家無姬妾」的一則佐證：

「照得飛近准指揮，差飛充通泰州鎭撫使，仰識朝廷使命之意，除已一面起發前赴新任外，契勘金賊劉寇侵虔，其志未艾。要當速行剿殺，殄滅淨盡，收復諸路。不然，則歲月滋久，爲患益深。若蒙朝廷允飛今來所乞，乞將飛母妻爲質，免充通泰州鎭撫使，止除一淮南東路重難任使，令飛招集兵馬，掩殺金賊，收復本路州郡，伺便迤邐，使山東河北河東京畿等路，次第而復，庶使飛平生之志，得以少快，且以盡臣子報君之節，僅具申尚書省，伏乞鈞慈詳察，特賜敷奏指揮施行。」

按此奏具「成功大夫、昌州防禦使通泰州鎮撫使兼知泰州岳飛」任職官銜，全文見岳珂「金佗粹編」及錢汝雯編「宋岳鄂王文集」——民國五十四年臺北中國文獻出版社景印。

第四章　奮赴國難　盡忠報國

岳飛十三歲時，亦卽徽宗政和五年（一一一五）元旦，女眞完顏阿骨打叛遼自稱大帝皇帝。徽宗先遣使與金通好，復於宣和二年（一一二〇）派右文殿修撰趙文嗣使金，相約同攻遼國，協定雙方同時進擊。金出兵後，連克遼之上、中、西三京（上京卽今熱河林東縣、中京卽今熱河平泉線、西京卽今山西大同），而宋朝童貫出兵則敗歸。

宣和六年（一一二四年）二月金人擒遼主延禧於夾山（今蒙古烏喇特西北），遼亡。此後決意侵宋，於次年十月以諳班勃極烈斜也領都元帥居京師（卽會寧）；粘罕爲左副元帥，自雲中（今山西大同）趨太原；斡離不爲右副元帥自平州（今河北盧龍）入燕山（今河北薊縣東南）。粘罕引兵降朔州（今山西朔平），克代州（今山西代縣晉北重鎭，臨雁門關及滹沱河），並進圍太原。斡離不自平州破檀薊（今冀東），至三河。宋將郭藥師兵敗迎降，燕山府所屬州縣皆爲金有。斡離不輕降藥師後，益知宋地虛實，因以爲嚮導，長驅而進，宋軍奔潰，莫能挫鋒，童貫逃歸。徽宗因金人深入，下詔禪位。於是年（一一二五年）十二月二十四日禪位於欽宗，改明年曰靖康。

靖康元年（一一二六年）正月初七日金軍圍京師（今開封）欽宗遣使議和，金將斡離不曰：「今若欲議和，當輸犒師金五百萬兩、銀五千萬兩、牛馬萬頭、表緞百萬匹；割中山、太原、河間三鎭之地；尊金帝爲伯父；以宰相親王爲質。」使歸，欽宗一一允諾，十四日，遣康王（名趙構）與少宰張邦昌往爲質。括借都城金銀及娼優家財，得金二十萬兩，銀四萬兩，民間已空。和議初成，斡離不引軍北去。

時日輸送金銀於金，而金人索求不已，大肆屠掠，國人憤恨，四方勤王之師日集。資政殿大學士親征行營使李綱上言：「金人貪婪無厭，兇悖日甚，以計取之，不必與角一朝之力。若扼河津，絕餉道，分兵復畿北諸邑，而以重兵臨敵營，堅壁勿戰，如周亞夫所以困七國者。俟其食盡力敝，然後以檄取誓書，復三鎭，縱其北歸，半渡而擊之，此必勝之計也。」欽宗許約日舉事，而都統制姚平仲貪功，先期以步騎萬人，夜襲敵營，欲生擒斡離不。斡離不遣兵迎擊，平仲兵敗，逐罷李綱，以謝金人。大學生陳東及都人數萬請願乞復用綱，欽宗勉從之，以綱充京師四壁防禦使，衆始退。

金人疑康王趙構或非親王，欽宗應金人之請改以肅王名樞往代質。後又索康王，欽宗復遣曾使金軍中之刑部尚書王雲副康王前往。至磁州（今河北磁縣）守臣宗澤勸勿行；民衆遮道請康王勿北去，且殺王雲指其通敵。知相州汪伯彥來書請康王至相州（今河南安陽），伯彥由此受知康王。

在和議成立，金右副元帥斡離不退軍之時，左副元帥粘罕尚留隆德（今山西長治縣境），聞斡離不獲宋金銀甚多，而已不得，遣使求賄，時宋勤王之師日至，目的在於抗金，且遼之梁王雅里逃亡西夏之北，欲結宋以復仇於金，金主聞之，乃於是年八月復以粘罕爲左副元帥，斡離不爲右副元帥，再度分道南侵，九月粘罕陷太原，十月斡離不陷眞定（今河北正定），由眞定犯汴京，僅二十天，即兵臨城下，粘罕自河陽（今河南孟縣）來會，閏十一月二十五日攻陷汴京。在汴京被圍時，殿中侍御史胡唐老言：「康王奉使至磁，爲士民所留，乃天意也，乞命爲大元帥，率兵入援。」欽宗亦以爲然，胡唐老密草詔稿上之，令募死士，得武學進士秦仔等四人，遣持蠟詔往相州（今河南安陽），仔至相，於頂髮中出詔書，軍民感動，拜康王爲兵馬大元帥。並以知中山府陳遘爲元帥，知相州汪伯彥、知磁州宗澤分任副元帥，使盡起河北兵，速入衞京師。

十二月一日兵馬大元帥府正式成立，初只有兵萬人，分爲五軍。岳飛即於是時，前往投效。

宋之京師陷落，欽宗乞降，金軍屯於青城（今開封南關乾河沿河南大學工學院一帶），日索金銀，到處掠奪，四出燒殺，京城周圍數百里多受侵害。靖康二年（一一二七年）三月初八日金人立張邦昌爲僞楚帝，四月初脅執欽宗及太上皇徽宗北去，囚之於五國城(今合江省依蘭縣境)。后妃、太子、宗戚、男女三千餘人均被同時俘執前往。北宋建都開封共一百六十七年又三個月

（自宋太祖建隆元年——西元九六〇年就位起）之宮藏精華，如八寶、九鼎、圭璧、渾天儀、太清樓秘閣三館書、天下府州縣圖、景靈宮供器、冠服、大樂、教坊樂器、祭器、內侍、伎藝工匠等，均被一一照册掇取，府庫積蓄爲之一空。據宇文懋昭撰「大金國志」卷三十二載：「金國檢視大宋庫藏：絹五千四百萬疋；大物緞子一千五百萬疋；金三百萬錠；銀八百萬錠；珍寶未見實數。」在此期間，康王由相州迂廻至南京（今河南商邱），並未馳援京師，於當年五月初一日在南京卽皇帝位，改元建炎，廟號高宗。

岳飛先此一年，投軍應募於眞定府路（今河北正定至河南安陽地區路署設正定）宣撫劉韐，劉韐使爲小隊長。康王開府，復往投效，在副元帥宗澤指揮下爲先鋒。未逾二年，單獨成軍，精忠報國，迭建殊勳，爲安內攘外，事功所及之地廣達今之河南、河北、山東、山西、安徽、江蘇、浙江、江西、福建、湖南、湖北、廣西、廣東、陝西等十四省及南京、漢口、廣州三院轄市。現在之南京；湖北襄陽；河南信陽、洛陽、朱仙鎭；山西垣曲；山東曹縣等地，均爲他所光復。長江左右，兩廣湖湘各處匪患亦均爲他所剿平。金人畏服，稱曰：「撼山易，撼岳家軍難！」因戰功由初任最低級軍官（南宋武職官階共分六十階，武穆最初任第五十七階進義副尉）晉升至最高級太尉（第一階）。三十一歲已任舒（懷寧）、蘄（蘄春）、鄂（武昌）、岳（湖南岳陽）、荆（湖北江陵）、黃（黃岡）、復（沔陽）七州及德安府（安陸）、漢陽軍（漢陽）制置使（相當清朝總督），嗣後復授少保、武昌郡開國公，開府儀同三司（文官第一階），任湖北京西路宣撫使兼營田大使，兼河南北諸路招討使。畢生以「還我河山」爲奮鬥之目標，力倡「文臣不愛錢，武臣不惜死」之堅毅主張。身經百戰，未或一敗。軍中不忘讀書，尤不忘孝其母，文崇諸葛，字效眉山。其言足爲萬世師，其行足爲萬世則，詳於以下各章，分別紀述。

第五章 敉平內亂 再造宋室

高宗於一一二七年（建炎元年）五月卽位後，在商邱僅祗停留四個月，於當年十月一日南下，二十七日至揚州，以州治爲行宮。一一二九年二月初三日又轉鎭江，十三日至杭州，以州治爲行宮。不一月，侍從統制苗傅、劉正彥作亂，迫高宗遜位於皇子旉，四月一日高宗復位。有感杭州爲非可久留之地，五月八日移蹕江寧，改名建康（今南京）。因金人又南侵，十月復往越州（今紹興），十一月奔明州（今鄞縣），十二月金人陷杭州，繼續追迫，復航居於海。一一三〇年一月金人陷明州，高宗於是月二十一日逃泊溫州港口。是時岳武穆勝敵於常州、廣德、溧陽諸地，並解圍宜興，金人北退，高宗於四月十二日還越州，並升越州爲紹興府。岳飛於五月十日光復建康，秦檜於十月二日自敵軍中縱之歸，高宗於次年元旦（一一三一年）在紹興易建炎年號改爲紹興元年。次年（一一三二年）正月十四日移行在臨安，從此卽以臨安（杭州）爲南宋偏安之都。在此以前，經五年以上之奔波流離，內憂外患，達於極度，作者乃以此一階段爲主，名曰南宋初年，根據宋史與李心傳撰建炎以來繫年要錄，岳珂撰武穆行實編年，徐夢莘撰三朝北盟會編等多項史料，略述當時內患情形暨賴岳飛敉平經過。以見南宋之得偏安原因與岳飛精忠報國精神之偉大。

南宋初年內患，可謂患有三大病症：一爲軍紀敗壞，不能作戰；二爲盜寇紛起，民不堪命；三爲秦檜受敵利用，縱使南歸。玆分述之：

甲、軍紀敗壞，不能作戰，舉其尤者如下：

1.高宗於建炎三年（一一二九年）八月曾以呂頤浩、杜充爲尙書左右僕射，並命杜充兼江淮宣撫使，留守建康，沿江諸將，並聽節制。至十一月金人侵建康，杜充竟不戰降敵，岳飛獨率所部與敵力戰，高宗聞杜充降敵，謂呂頤浩曰：「事迫矣，奈何？」頤浩遂進航海之策，其言曰：「敵兵多騎，必不能乘舟襲我，江浙地熱，必不久留，俟其退去，復還二浙，彼出我入，彼入我出，此兵家之奇也，帝然之，遂如明州。」此見宋史本紀。

2.北盟會編卷一三六引述汪藻嘗論高宗避兵海上，潰卒爲害之烈，原文曰：

「張俊自明（今鄞縣）引軍至溫，道路鷄犬，爲之一空，居民聞其來，逃奔山谷，數百里間，寂無人煙。

韓世忠逗留秀州（今嘉興北），放軍肆掠，浙西爲之騷然。至執縛縣宰以取錢糧，平江府（今吳縣）自城而外，無不被害。……

王爕自信州（今江西上饒）入閩，所過州縣邀索動以千計……。方國家危急之時，所恃者諸將，而諸將所爲如此，不知何以立國？臣竊憤之！此是人皆知之，而無爲陛下言者，豈以爲不急之務哉！以天步艱難，正藉此曹爲重而不敢言耳……。所謂爲民主者，平日取民財力以養兵，緩急之時，排難解紛而使民安業也。今諸將聞敵人之來，則望風逃遁，反汲汲內相攻殘以爲民害，車駕所過一路則一路罹其災，所過一州一縣，則一州一縣罹其災。……古者天子所臨曰幸，言所過人以爲幸也，豈今日之謂哉！」

3. 建炎以來繫年要錄，對軍紀敗壞，載述甚多，摘錄一二於下：

㈠卷十二引呂頤浩奏對：「官軍所至，爭取金帛之罪猶小，刼掠婦女之罪至深。」

㈡卷三十有云：「道路之人，但知潰卒爲亂，不虞金人之至也。」

㈢卷五十有云：「比年大兵所過，肆爲虜掠，甚於盜賊。」

4. 宋會要稿軍制篇引述紹興三年臣僚言：「今來車駕駐蹕臨安府，近日府城以火，諸軍以救火爲名，持刄乘鬧公然搶奪錢物，乞今後遇有火，依京城例止許馬步軍司及臨安府兵級救撲。」

5. 北盟會編卷一二三引述建炎三年二月張澂疏：「揚州行在，月給軍兵費，無慮百萬，以待戰守之用，一旦賊以輕騎涉境，並不措置迎戰。又江津渡濟不時，一旦潰兵千百爲羣，流毒東南，其害未已。」

乙、盜寇紛起，民不堪命，簡述如下：

1.建炎以來繫年要錄卷七有云：「宗澤爲汴京留守，銳意收復，羣盜多受招撫，獨淮寧之張用，山東之李昱，河北之丁順、王善、楊進，皆擁兵數萬，不可招。」

2.同前要錄卷十八有云：「初宗澤爲留守也，日繕兵爲興復計，兩河豪傑，皆保聚形勢，期以應澤。澤又招撫河南羣盜聚城下，欲遣復兩河，未出師而澤死，充（杜充）無遠圖，由是河北數屯皆散，而城下兵復去爲盜，掠西南州縣，數歲不得已。」

3.同前要錄卷二十有云：「是月（建炎三年二月）張用自淮寧引衆趨蔡州，至黃離，距城二十里，守臣程昌寓度其未食，遣汝陽縣尉杜湛以輕兵誘之，賊果以萬人追至城東，遇伏大敗，於是用駐於確山，連亙數州，上至確山，下徹光、壽。據千里之地，接迹不絕，以其衆多，故號之張弃蕩，抄掠糧食，所至一空。」（按卽在今之豫南皖北一帶。）

4.同前要錄卷二十五引述建炎三年七月胡舜陟語：「今淮南盜賊大者數萬，小者數千，張用特其著耳。」

5.同前要錄卷三十三有云：「時江北、荆湖諸路盜益起，大者至數萬人，據有州郡，朝廷不能制，盜所不能制者，則以土豪或攝官守之，皆羈縻而已。」

6.同前要錄卷四十七引述紹興元年九月呂頤浩言：「今李成摧毀，李允文革面，張用招安，李敦仁已敗江淮，唯張琪、邵青兩寇，不久必可蕩平，又孔彥舟據鄂，馬友據潭，曹成、李宏在湖南、江西之間，而鄧慶剽掠南雄，英、韶諸郡，賊兵多寡不等，然閩中之寇最急，廣東之寇次之，蓋閩中去行在不遠，二廣不能殘破，若非疾速剿除，爲患不細。」（按張用係經岳飛於紹興元年（一一三一年）五月招降，李成亦於同年二月被岳飛擊敗，所述其餘各匪，迨後亦均爲岳飛剿滅，詳如後述。）

7.同前要錄卷四十二載及紹興元年朱勝非奏疏：「江西土寇，皆因朝廷號令無定，橫斂不一，名色既多，貧民不能生，以至爲寇，臣自桂嶺以來，入衡州（今衡陽）界，有屋無人；入潭州（今長沙）界，有屋無壁；入袁州（今江西宜春）界，則人屋俱無，良民無辜，情實可憫，陛下自降寬詔，擇其首領與補官，收隸軍籍，則江西之亂，可指日平也。」

8.宋史卷三五八李綱傳有曰：「是時（建炎元年）四方潰兵爲盜者十餘萬人，攻刼山東，淮南，襄漢之間。」

9.宋史卷三六九張俊傳有曰：「紹興元年，帝至會稽，時金人殘戰之餘，孔彥舟據武陵，張用據襄漢，李成尤悍強，據江淮湖湘十餘州，連兵數萬，有席捲東南之勢，多造符讖，蠱惑中外。」

10鐘相作亂，其勢尤盛，建炎以來繫年要錄卷三十一有云：「相，武陵人，以左道惑衆，自號天大聖，言有神靈與天通，能救人疾患，陰語其徒，則曰：法分貴賤貧富，非善法也。當等貴賤，均貧富。持此語以動小民，故環數百里間，小民無知者，翕然從之。備糧謁相，謂之拜父，爲此者二十餘年，相以故家產鉅萬。及湖、湘盜起，相與其徒結集爲忠義民兵，士大夫避亂者多依之。相所居村有山曰天子崗，遂卽其處築壘浚濠，以捍賊爲名，會孔彥舟入澧州，相乘人情驚擾，因托言拒彥舟以聚衆，至是（建炎四年二月）起兵，鼎、澧、荆南之民響應，相遂稱楚王，改元天戰，立妻伊氏爲皇后，子子昂爲太子，行移稱聖旨，補授用黃牒，一方騷然……。賊遂焚官府城市寺觀及豪右之衆，凡官吏儒生僧道巫醫卜祝之流，皆爲所殺，自是鼎州之武陵、桃源、辰陽、沅江，澧州之澧陽、安鄉、石門、慈利，荆南之枝江、松滋、公安、石首，潭州之益陽、寧鄉、湘陰、江化，峽州之宜都，岳州之阮陵，凡十九縣，皆爲盜區矣。」（按卽今湖南省洞庭湖環週之區）

丙、秦檜受敵利用，縱使南歸：

秦檜受敵利用，縱使南歸，其詳另見「秦檜倡和誤國始末」，於此不多贅。

從上述各節，可知南宋初年軍不成軍，遍地匪盜，民不堪命。更加秦檜受敵利用，縱使南歸。按岳飛從軍之後，初隸宗澤，深受賞識信任，原因乃在宗澤與他忠於國家民族之志願相同，唯不幸宗澤於一一二八年（建炎二年）七月病死，杜充代任東京留守，岳飛改受杜充指揮。其時他尚未單獨成軍，玆說明他的部隊養成經過並其戡亂情形如下：

甲、部隊的養成訓練與軍紀嚴的表現：

1.部隊初成——一一二九年（建炎三年）七月杜充棄京師（開封）南下往建康（南京），岳飛說之曰：「中原地，尺寸不可棄，今一舉足，此地非我有，他日欲復取之，非數十萬衆不可。」

（見宋史列傳卷一二四）杜充不聽，岳飛從之南下，至建康後，杜充降敵，岳飛獨率所部並號召他軍之不願投敵者，馳援臨安，至廣德境，六戰皆捷。一一三〇年春，金人攻常州，守臣周杞遣趙九齡來迎，岳飛欣然答應，且欲據城堅守，扼敵歸路，以立奇功。會常州城陷，未及行，此時水軍統制郭吉叛變爲盜，擾掠宜興，邑令聞岳飛威名，奉書誠懇相迎，且言邑之存糧，可給萬軍十歲，岳飛遂至宜興，解圍之後，收編叛軍，嚴施訓練，並以宜興爲基地，統兵四出，累敗金人於常州、鎭江，並進而收復建康，此其單獨成軍，部隊初成的簡單經過。

2.練軍要領——平日練兵，特重以下六端：

㈠重嵬選——貴精不貴多，背嵬（卽親隨，乃如今直屬部隊長指揮之特種部隊）所向，一皆當百，朝廷於一一三三年（紹興三年）以韓京、吳錫二軍付之，皆不習戰鬥，岳飛擇其可用者，不滿千人，餘皆罷歸，數月遂成爲精卒。

㈡謹訓習——止兵休舍，輒課其藝，暇日尤詳，至過門不入，視無事時如有事時，如注坡跳壕等藝，皆被重鎧，精熟安習，人望之以爲神。

㈢公賞罰——待千萬人如待一人，張憲之部卒郭進有功於莫邪關，頓解金束帶與所用銀器嘗之，又補秉義郎。男雲嘗以重鎧習注坡，馬躓而踣，岳飛以其不素習，怒曰：前臨大敵，亦如此耶，遽命斬之。諸將叩頭祈免，猶杖之百乃釋之。餘如傅俊以夸功誅；辛太以違命免；任士安以慢令受杖；過無大小，必懲必戒，張俊嘗請問用兵之術，答曰：「仁」、「信」、「智」、

「勇」、「嚴」，五者不可闕一，請問嚴，曰有功者重賞，無功者峻罰。

㈣明號令——授兵指畫，約束明簡，使易於從，違者必罰。

㈤嚴紀律——行師用衆，秋毫不犯，有踐民稼傷農功，市物售直不如民欲之類，其死不貸，卒有取民麻一縷以束芻者，詰其所自得，立斬之。意在殺一以儆百。

㈥同甘苦——待人以恩，常與士卒最下者同食，樽酒臠肉，必均及其下，酒少不能遍，則益之以水，人受一啜。出師野次，士卒露宿，雖館舍甚備，己不獨入。

有此六者，用能恩威兼濟，人人畏愛，部衆十數萬，本四方亡命樂從嗜殺之徒，皆奉令承教，無敢違命，凡此均見武穆行實編年。

3.軍紀嚴明——岳飛的部隊，所以能抗敵禦侮，每戰必勝，安內攘外者，完全在於軍紀之嚴，賞罰之明，有別於當時的其他任何部隊，當時其他部隊的軍紀敗壞，不能作戰，已如前節所述，玆依史實說明岳飛部隊的軍紀嚴明情形如次：

㈠宋史列傳卷一二四有云：「軍號凍死不折屋，餓死不擄掠，卒有疾，躬自調藥，諸將遠戍，遣妻問勞其家，死事者哭之而育其孤，或以子婚其女，凡有頒犒，均給軍吏，秋毫不私。」

㈡同前又有云：「善以少擊衆，欲有所舉，盡召諸統制與謀，謀定而後戰，故有勝無敗，猝遇敵不動，故敵爲之語曰：撼山易，撼岳家軍難。」

㈢同前又有云：「卒有取民麻一縷以束芻者，立斬以徇，卒夜宿，民開門願納，無敢入者。」

㈣一一三五年（紹興五年）岳飛自池州（今安徽貴池）進兵於潭（今湖南長沙），所過肅然，民不知有軍旅之往來，軍紀之嚴，表現達於極度，高宗聞之，賜詔獎諭曰：

「卿遠提貔虎，往戍潭湘，連萬騎之衆，而桴鼓不驚，涉千里之塗，而樵蘇無犯，至發行賞之泉貨，用酬迎道之壺漿，所至得其歡心，斯以寬予憂顧，嘉治軍之有法，雖觀古以無慚，乃眷忠忱，益加咨嘆，故茲獎諭，想宜知悉。」（見金佗粹編）

㈤行實編年載：

「武穆征羣盜過廬陵（今吉安），託宿市廛，質明爲主人洒掃門宇，洗滌盆盎而去。過洪都（今南昌）郡守供張餞別於郊，師行將絕，謁未得值，問大將軍何在？殿者曰，已在行軍行列去矣，其嚴肅如此。」

㈥又同前載：

「每征討出師，朝聞命，夕就道，嚴寒盛暑，不憚勞苦，雖疾亦不問。桀虜勍敵，衆軍所避，武穆獨行，於事尤不避繁瑣。當復襄、漢、平楊么之時，諸將碌碌不足恃，朝廷憂顧之責，萃之武穆，州郡之所告急，密諜之所探聞，朝徹宸旒，暮馳幕府，一日之間，即命圖襄漢，又命圖楊么，交至沓集，武穆隨時酬應，未嘗憚煩。所部守禦者半，攻討者半，東西調役，略無乏事。」

㈦又同前載：

「武穆功成不居，盡推與同列及其下，始受襄漢之命，朝廷命劉光世遣馬五千人爲牽制，六郡盡復，光世之軍始至，及論賞，乃奏乞先賞光世功。李寶結山東豪傑數千人，屢請以曹州率衆來歸，武穆以黃金五百兩遣之，俾壯士四人偕行，寶果領衆五十趨楚泗以歸，爲韓世忠奏留之，寶截髮痛哭，願歸武穆麾下，世忠以書來詒，武穆答曰：『是皆爲國家報虜，何分彼此，世忠嘆服不已。』」

㈧又同前載：

「時諸大將多貪功，武穆每被賞，輒以無功辭，甚至六七辭，不肯接受。復襄漢時，宰臣朱勝非使人諭之以歆。至日建節旄，武穆愕然曰：『丞相待我何薄耶？』乃謝使者曰：『爲某善辭丞相，岳某可以義責，不可以利驅，襄陽之役，君事也，使訖事不受節，將坐視不爲乎，拔一城而予一爵者，所以待衆人，而非以待國士也。』及建節力辭，不得已乃受。」

㈨岳飛於一一四一年（紹興十一年）除夕被通敵之秦檜誣陷寃死之後，至一一六二年（紹興三十二年）高宗讓位於孝宗，當年七月十三日奉聖旨，追復武穆原官，亦特讚其屢立功效，不自矜誇，師行不擾，動有紀律，據金佗粹編，錄聖旨原文如下：

「故岳飛起自行伍，不踰數年，位至將相，而能事上以忠，御衆有法，屢立功效，不自矜誇，餘烈遺風，至今不泯，去多出戍鄂渚之衆，師行不擾，動有紀律，道路之人，歸功於飛，飛雖坐事以歿，而太上皇帝（按卽高宗）念之不忘，今可仰承聖意，與追復原官，以禮改葬，訪求其後，特與錄用。」

乙、戡亂的成就：

所述岳飛戡亂成就，悉以宋史列傳卷一二四「岳飛傳」列舉爲據，並錄其原文，以求信實，至岳珂撰「武穆行實編年」，亦爲呈經朝廷察閱，奉准宣付史館之史料，併予引錄：

1.按岳飛於建炎元年五月一日高宗就位時，上書言國家大計，以越職奪官歸田里，往投河北招討使張所，九月又囘歸宗澤，據宋史列傳云：

「歸宗澤爲留守司統制，澤死杜充代之，飛居故職。」

2.宋史列傳載，岳飛於建炎三年（一一二九年）有如下戡亂事實：

㈠「賊黃善、曹成、孔彥舟等合衆五十萬薄南薰門，飛所部僅八百衆，懼不敵，飛曰：吾爲諸將破之。左挾弓，右運矛，橫衝其陣，賊亂，大敗之。又擒賊杜叔五孫海於東明，借補英州刺史，黃善圍陳州（今淮陽），飛戰於清河，擒其將孫勝孫清，授眞州刺史。」

㈡「杜充將還建康……遂與俱歸，師次鐵路步，遇賊張用，至六合遇李成，與戰皆敗之，成遣輕騎刼憲臣犒軍銀帛，飛進兵掩擊之，成奔江西。」

㈢「會充已降金，諸將多行剽掠，惟飛軍秋毫無所犯，兀朮趨杭州，飛要擊至廣德境中，六戰皆捷，擒其將王權，俘簽軍首領四十餘，察其可留者，結以恩，遣還，令夜斫營縱火，大敗之。駐軍鐘村，軍見無糧，將士忍饑不敢擾民，金所籍兵相謂曰，此岳爺爺軍，爭來歸附。」

3.列傳載：建炎四年（一一三〇年）岳飛剿匪事蹟如下：

㈠「宜興令迎飛移屯焉，盜郭吉聞飛來，遁入湖，飛遣王貴傅慶追破之，又遣辨士說馬臯林聚，盡降其衆，有張威武者不從，飛單騎入其營斬之，避地者賴以免，圖飛像祠之。」

㈡「詔討戚方，飛以三千人營於苦嶺，方遁，俄益兵來，飛自領兵千人，戰數十合皆捷，會張俊兵至，方遂降，范宗尹言張俊自浙西來，盛稱飛可用，遷通泰鎭撫使兼知泰州。」

4.紹興元年（一一三一年）岳飛之戡亂情形，列傳載述如下：

㈠「張俊請飛同討李成，時成將馬進犯洪州，連營西山，飛曰，賊貪而不慮後，若以騎兵自上流絕生米渡，出其不意，破之必矣，飛請自爲先鋒，俊大喜，飛重鎧躍馬，潛出賊右，突其陣，所部從之，進大敗，走筠州，飛抵城東，賊出城布陣十五里，飛設伏以紅羅爲幟，上刺岳字，選騎二百，隨幟而前，賊易其少，薄之，伏發，賊敗走，飛使人呼曰，不從賊者坐，吾不汝殺，坐而降者八萬餘人，進以餘卒奔成於南康，飛夜引兵至朱家山，又斬其將趙萬，成聞進敗，自引兵十餘萬來，飛與遇於樓子莊，大破成軍，追斬進，成走蘄州降陷齊。」

㈡「張用寇江西，用亦相人，飛以書諭之曰，吾與汝同里，南薰門鐵路步之戰，皆汝所悉，今吾在此，欲戰則出，不戰則降，用得書曰，果吾父也，遂降。江淮平，俊奏飛功第一，加神武右軍副統制，留洪州彈壓盜賊授親衞大夫建州觀察使。」

㈢「建寇范汝為陷邵武，江西安撫李回檄飛分兵保建昌軍及撫州，飛遣人以岳字幟植城門，賊望見相戒勿犯，賊黨姚達饒青逼建昌，飛遣王萬徐慶討擒之，升神武副軍都統制。」

5.紹興二年（一一三二年）岳飛的戡亂事蹟如下：

㈠列傳載：「賊曹成擁衆十餘萬，由江西歷湖湘，據道賀二州，命飛權知潭州，兼權荆湖東路安撫都總管，付金字牌黃旗招成，成聞飛將至，驚曰，岳家軍來矣，即分道而遁，飛至茶陵，奉詔招之，成不從，飛奏比年多命招安，故盜力強則肆暴，力屈則就招，苟不略加剿除，蠭起之衆，未可遽殄，許之，飛入賀州境，得成諜者，縛之帳下，飛出帳調兵食，吏曰：糧盡矣奈何！飛陽曰，姑反茶陵，已而顧諜若失意狀，頓足而入，陰令逸之，諜歸告成，成大喜，期翌日來追，飛命士蓐食，潛趨繞嶺，未明已至太平場，破其砦，成據險距飛，飛麾兵掩擊，賊大潰，成走據北藏嶺上梧關，遣將迎戰，飛不陣而鼓，士爭奮，奪兩隘據之，成又自桂嶺置砦至北藏嶺，連控隘道，親以衆十餘萬守蓬頭嶺，飛部才八千，一鼓登嶺，破其衆，成奔連州，飛謂張憲等曰，成黨散去，追而殺之，則脅從者可憫，縱之則復聚為盜，今遣若等誅其酋而撫其衆，愼勿妄殺，累聖上保民之仁，於是憲自賀連，徐慶自邵道，王貴自郴桂，招降者二萬，與飛會連州，進兵追成，成走宣撫司降，時以盛夏行師瘴地撫循有方，士無一人死癘者，嶺表平，授武安軍承宣使，屯江州（九江）」。

㈡行實編年載述是年九月，平賊馬友黨於筠州（今高安），原文曰：「比入江西界，准本路安撫大使李回牒，令招殺馬友下郝通賊馬，武穆遂至筠州降之，除揀放外，得精兵一萬八千人，因奏所得兵可以防江，其韓京吳錫軍更不須起發，乃以京錫撥隸荆湖廣南宣撫司。時馬友復犯筠州，城西防隘之兵，望風潰散，守臣已徒步出境，及聞武穆軍來友遽逃去。」又云：「軍至江州，劉忠之餘黨四千餘人寇蘄之廣濟縣。又李通已受招安，在司公山不肯出，令武穆掩捕，悉平之。於是李回奏乞以舒蘄光黃接連漢陽武昌一帶盜賊並委武穆招捕。」

6.紹興三年（一一三三年）四年（一一三四年）列傳載述有關戡亂情形：

㈠「三年春召赴行在，江西宣諭劉大中奏飛兵有紀律，人恃以安，今赴行在，恐盜復起，不果行。時虔吉盜連兵寇掠循梅廣惠英韶南雄南安建昌汀邵武諸郡，帝乃專命飛平之，飛至虔州，固石洞賊彭友悉衆至雩都迎戰，躍馬馳突，飛麾兵即馬上擒之，餘酋退保固石洞，洞高峻環水，止一徑可入，飛列騎山下，令皆持滿，黎明遣死士疾馳登山，賊衆亂，棄山而下，騎兵圍之，賊呼丐命，飛令勿殺，受其降，授徐慶等方略，捕諸郡餘賊，皆破降之。初以隆祐震驚之故，密旨令飛屠虔城，飛請誅首惡而赦脅從，不許，請至三四，帝乃曲赦，人感其德，繪像祠之。餘寇高聚張成犯袁州，飛遣王貴平之，秋入見，帝手書精忠岳飛字製旗以賜之，授鎭南軍承宣使江南西路沿江制置使，又改神武後軍都統制，仍制置使，李山吳全吳錫李橫牛皐皆隸焉。」

㈡「僞齊遣李成挾金人入侵，破襄陽唐鄧隨郢諸州及信陽軍，湖寇楊么亦與僞齊通，欲順流而下，李成又欲自江西陸行趨兩浙與么會，帝命飛爲之備」。

㈢「四年除兼荊南鄂岳州制置使，飛奏襄陽等六郡爲恢復中原基本，今當先取六郡，以除心膂之病，李成遠遁，然後加兵湖湘，以殄羣盜，帝以諭趙鼎，鼎曰，知上流利害無如飛者，遂授黃復州漢陽軍德安府制置使，飛渡江，中流顧幕屬曰，飛不擒賊，不涉此江，抵郢州（今鍾祥）城下，僞將京超，號萬人敵，乘城距飛，飛鼓衆而登，超投崖死，復郢州，遣張憲徐慶復隨州，飛趨襄陽，李成迎戰，左臨襄江，飛笑曰，步兵利險阻，騎兵利平曠，成左列騎江岸，右列步平地，雖衆十萬何能爲，舉鞭指王貴曰，爾以長槍步卒擊其騎兵，指牛臯曰，爾以騎兵擊其步卒，合戰，馬應槍而斃，後騎皆擁入江，步卒死者無數，成夜遁，復襄陽，劉豫益成兵屯新野，飛與王萬夾擊之，連破其衆，飛奏金人所愛惟子女金帛，志已驕惰，劉豫僭僞，人心終不忘宋，如以精兵二十萬直擣中原，恢復故疆，誠易爲力，襄陽隨郢地皆膏腴，苟行營田，其利爲厚，臣候糧足，卽過江北，剿戮敵兵，時方重深入之舉，而營田之議自是興矣。進兵鄧州，成與金將劉合孛堇列砦距飛，飛遣王貴張憲掩擊，賊衆大潰，劉合孛堇僅以身免，賊黨高仲退保鄧城，飛引兵一鼓拔之，擒高仲，復鄧州，帝聞之喜曰，朕素聞岳飛行軍有紀律，未知其能破敵如此，又復唐州信陽軍，襄漢平，飛辭制置使，乞委重臣經畫荊襄，不許，趙鼎奏湖北鄂岳最爲上流要害，乞令飛屯鄂岳，不惟江西藉其聲勢，湖廣江浙亦獲安妥，乃以隨郢唐鄧信陽竝爲襄陽府路隸飛，飛移屯鄂，授淸遠軍節度使湖北路荊襄潭州制置使，封武昌縣開國子。」

7. 紹興五年（一一三五年）岳飛奉命招捕楊么，此其在安內戡亂戰役上，最有卓越表現之一役，按楊么，乃鼎州（今常德）鍾伯之餘黨，楚人謂幼爲么，故稱曰么。自建炎末年鍾相敗死，么率其餘部居湖湘間，與僞齊交結，其徒有楊欽、劉衡、周倫、黃佐、黃誠、夏誠、高老虎等，數年間聚兵至數萬，立相之子儀，謂之鍾太子，與么俱僭稱王，官屬名號，車服儀衞，並擬王者，居有三衙大軍所，居之室稱曰內，文書行移，不奉正朔，蹂踐鼎澧之區，窺覦上流，程昌寓，王𤫊討之，連年不能平，至是以命武穆，本傳載述岳飛之平楊么經過如下：

「命招捕楊么，飛所部皆西北人，不習水戰，飛曰，兵何常，顧用之何如耳，先遣使招諭之，賊黨黃佐曰，岳節使號令如山，若與之敵，萬無生理，不如往降，節使誠信，必善遇我，遂降。飛表授佐武義大夫，單騎按其部，拊佐背曰，子知逆順者，果能立功，封侯豈足道。欲復遣子至湖中，視其可乘者擒之，可勸者招之如何，佐感泣，誓以死報。時張浚以都督軍事至潭，參政席益與浚語，疑飛玩寇，欲以聞。浚曰，岳侯忠孝人也，兵有深機，胡可易言，益慙而止。黃佐襲周倫砦，殺倫，擒其統制陳貴等，飛上其功，遷武功大夫。統制任士安不稟王𤫊令，軍以此無功，飛鞭士安使餌賊，曰，三日賊不平，斬汝，士安宣言岳太尉兵二十萬至矣，賊見止士安軍，併力攻之，飛設伏，士安戰急，伏四起擊賊，賊走，會召浚還防秋，飛袖小圖示浚，浚欲俟來年議之，飛曰，已有定畫，都督能少留，不八日可破賊。浚曰，何言之易，飛曰，王四廂以王師攻水寇則難，飛以水寇攻水寇則易，水戰我短彼長，以所短攻所長，所以難，若因敵將，用敵兵，奪其手足之助，離其腹心之託，使孤立而後以王師乘之，八日之內，當俘諸酋，浚許之。飛遂如鼎州，黃佐招楊欽來降，飛喜曰，楊欽驍悍，旣降，賊腹心潰矣，表授欽武義大夫，禮遇甚厚，乃復遣歸湖中，兩日欽說余端劉詵等降，飛詭罵欽曰，賊不盡降，何來也，杖之，復令入湖，是夜掩賊營，降其衆數萬。么負固不服，方浮舟湖中，以輪激水，其行如飛，旁置撞竿，官舟迎之輒碎，飛伐君山木爲巨筏，塞諸港汊，又以腐木亂草浮上流而下，擇水淺處，遣善罵者挑之，且行且罵，賊怒來追，則草木壅積，舟輪礙不行，飛亟遣兵擊之，賊奔港中，爲筏所拒，官軍乘筏張牛革以蔽矢石，舉巨木撞其舟盡壞，么投水，牛皐擒斬之，飛入賊壘，餘酋驚曰，何神也，俱降，飛親行諸砦慰撫之，縱老弱歸田，籍少壯爲軍，果八日而賊平，浚嘆曰，岳侯神算也。初賊恃其險，曰欲犯我者，除是飛來，至是人以其言爲讖，獲賊舟千餘，鄂渚水軍，爲沿江之冠，詔兼蘄黃制置使，飛以目疾乞辭軍事，不許，加檢校少保，進封公，還軍鄂州，除荊湖南北襄陽路招討使。」

綜上所述，可知南宋初年的內亂大概情形，益以強敵南侵，岌岌可危，幸賴岳飛精忠報國，不特在抵禦外侮，規復中原有其卓越的表現，其於安內戡亂，同然有莫大的成就。獨以內奸秦檜之未能肅除，致光復故土還我河山之神聖工作，功敗垂成。作者以南宋假若沒有南渡初年賴岳飛的整軍經武，戡平內亂，則高宗或早已和宋朝最末一位皇帝趙昺一樣，在逃抵溫州海灣江心寺時，卽不得不沉死於海。南宋歷史卽無由得以維繫！此其之所以爲民族英雄也。

第六章 抗敵禦侮 光復失土

岳飛力抗金兵，抵禦外侮，進而光復失土，有以下史實：

一、光復南京鞏固行在

南京地位之重要，今昔相同，宋高宗南渡之後，亦以江寧（卽今南京）固守，上可穩定鄂湘；下可安堵吳越，遂於建炎三年（一一二九年）五月八日由杭州移蹕江寧，改名建康府，以呂頤浩、杜充爲尙書左右僕射，並命杜充兼任江淮宣撫使，留守建康，沿江諸將，並聽節制。無如杜充竟於是年十一月棄建康之城投降，高宗避難，航居於溫州海面。當時各路奔潰，獨岳飛奮率所部，與敵週旋於今京杭國道地區，當勝敵於今之安徽廣德；解圍今之江蘇宜興後，乘勝利之威，於建炎四年（一一三〇年）五月初十日光復建康（卽南京），金將兀朮引兵北退，高宗方得回國越州（今紹興），停用建炎年號，改元紹興元年（一一三一年起），繼之移行在所於杭州，且更改稱臨安府，以爲南宋都會。

宋史岳飛傳❶述光復建康經過曰：

「兀朮趨建康，飛設伏牛頭山待之，夜令百人黑衣混金營中擾之，金兵驚，自相攻擊。兀朮次龍潭，飛以騎三百，步兵二千，馳至新城大破之。兀朮奔淮西，遂復建康。」

又據「武穆行實編年」❷載：

「建炎四年五月，兀朮復趨建康，武穆設伏於牛頭山待之。夜令軍衣黑衣混虜中，擾其營，虜人驚，自相攻擊。虜乃謀益邏卒於營外伺望，武穆潛令壯士銜枚於其側，伺其往來，盡擒之。初十日，兀朮次於龍潭，要索城中金銀、縑帛、驢馬及北方人。武穆以騎三百，步卒二千人自牛頭山馳下，至南門新城設寨邀戰，大破兀朮。凡其所要獲負而登舟者，盡以戈殪其人於水，溺塡委於岸者山積，斬禿頭垂環者三千餘，僵屍十數里，降其卒千餘人，萬戶千戶二十餘人，得馬三百匹，鎧仗旗鼓以萬計，牛驢輜重甚衆，兀朮遂奔淮西，武穆乃入城，撫定居民，俾各安業，虜無一騎留者。」

南京光復後，岳飛獻俘於高宗行在，並上奏曰：「建康爲國家形勢要害之地，宜選兵固守。比張俊欲使臣守鄱陽，陷虜人之擾江東西者。臣以爲賊若渡江，必先二浙，江東西地僻，亦恐重兵斷其歸路，非所向也。臣乞益兵守淮，拱護腹心。」❸高宗嘉納之，賜鐵鎧五十副，金帶鞍馬，鍍金鎗，百花袍，褒嘉數四。

時有刪定官邵緝者，上書於朝，言岳飛驍武沉毅，而恂恂如書生。頃起義河北，嘗以數十騎乘險據要，却胡虜萬人之軍。又嘗於京師南薰門外，以八九百人破王善、張用五十萬之衆，威震夷夏，而身與下卒同吃，民間秋毫無擾。爲慮金人留軍江南，牽制官軍，大爲東南之患，則奮不顧身，克復建康，爲國家奪取形勢咽喉之地，使虜掃地而去，無一騎留者，江浙平定，其誰之力。歷數功效，無慮數千言。高宗覽奏，卽有意超擢。七月復據宰臣范宗尹奏言「張俊自浙西來，盛稱岳飛可用」，遂遷岳飛爲武功大夫昌州防禦使，通泰州鎮撫使兼知泰州（今江蘇泰縣）。岳飛受知於高宗，使以武職兼理地方行政，自此開始。

二、光復襄陽信陽諸郡厚植國本

紹興三年（一一三三年）岳飛任鎮南軍承宣使，神武後軍統制、江南西路舒蘄州（今安徽懷寧湖北蘄春）制置使，設司署於江州（今九江），其防區南達廣州。當時因僞齊入寇，知襄陽府李横、知隨州李道，蔡州信陽軍鎮撫使牛臯，郢州刺史翟琮，商虢鎮撫使董先等均因防地失守，撤退南來，奉命並聽武穆節制。又知黃州鮑貽遜亦因畏敵徙治樊口（今湖北鄂城縣境），權知漢陽軍呼延虎亦渡江走鄂州（今武昌），知興國軍徐璋亦以捍敵爲辭，棄城而去。高宗據報，乃於是年十一月下詔命該地區軍事主力吳全、吳錫兩軍，移屯武昌，受岳飛節制，是以他的防區又西達武昌。

岳飛奉命之後，即予嚴施整訓，三月之後（即紹興四年二月）奏請光復襄陽六郡，以圖中原。狀曰：

「臣竊惟善觀敵者，當逆知其所始；善制敵者，當先去其所恃。以外有北虜之寇攘，內有楊么之竊發，俱爲大患，上軫宸襟。然以臣觀之，楊么雖近爲腹心之憂，其實外假李成，以爲唇齒之援。今日之計，正當進兵襄陽，先取六郡，李成不就縶縛，則亦喪師遠逃，於是加兵湖湘，以殄羣盜，要不爲難。而況襄陽六郡，地爲險要，恢復中原，此爲基本。臣今已厲兵飭士，惟俟報可，指期北向。伏乞睿斷，速賜施行！庶幾上流早見平定，中興之功，次第而致，不勝天下之幸。取進止。」❹

高宗據奏，諭知輔臣，趙鼎奏曰：「知上流利害，無如岳飛者」，於是任岳飛兼荊南、鄂、岳州（今湖北江陵武昌湖南岳陽）制置使，准復六郡。賜以親札指示原則曰：

「矧卿忠義之心，通於神明，故兵不犯令，民不厭兵，可無愧於古人矣。今朝廷從卿所請，已降畫一，令卿收復襄陽數郡。惟是服者舍之，拒者伐之，追奔之際，愼無出李橫所守舊界，却致引惹，有誤大計，雖立奇功，必加爾罰。務在遵稟號令，而已收復之後，安輯百姓，隨宜措畫，使可守禦，不致班師之後，復有疏虞，始可回軍，依舊屯駐。朕當重寘賞典，以旌爾功，故茲筆喻，無慢我言！十四日」又加書曰：

「畫一之目：以湖北帥司統制官顏孝恭、崔邦弼兩軍並荊南鎭撫使司馬軍並隸節制。及諸州既復，並許隨宜措置防守。如城壁不堪守禦，則移治山寨，或用土豪，或用舊將牛皋等主之。」

高宗復令神武右軍（張俊）中軍（劉光世）各選堪披帶馬百匹，遣使臣兵級部付岳飛，四月二十五日又以金束帶三賜岳飛將佐。且復製發「七州砥柱」錢幣，以為光復地區用幣，按現今臺北市國立歷史博物館尚有存藏此項錢幣。

岳飛奉命之後，積極動員，高宗又於五月初一日任再兼黃復二州（今湖北黃岡沔陽）漢陽軍德安府制置使。五月初五日克復郢州（今湖北鍾祥）隨州（今湖北隨縣）。十七日克復襄陽。六月初六日克復新野（今河南新野）。七月十七日克復鄧州（今河南鄧縣）。二十三日克復唐州（今唐河）及信陽軍（今信陽）。不足百日，收復失地周圍千里。

收復地區，人事任免高宗雖賦予全權，岳飛仍分別報呈，曾上奏曰：「契勘近恭奉聖訓收復隨郢等州軍了當，先差過知通等葺治事務，除已開具隨郢州襄陽府知通職次姓名奏聞外，令契勘唐鄧州信陽軍知通簽判職次姓名下項，其餘官臣行下遂處安撫司取會，別具奏聞。」❺

襄陽諸郡光復之後，岳飛奏請免去制置使職，另委重臣經畫荊襄。狀曰：「契勘飛昨蒙聖恩，除臣江南西路舒蘄州制置使，臣不敢辭免，伏恐朝廷別有使令，實不自安，方具陳控。繼蒙除臣荊南鄂岳黃復州漢陽軍德安府制置使，今臣收復襄陽等六郡，臣深體國事之急，憤激於懷，是以承命出征，不暇辭請。今來並已收復了當，竊念臣人微望輕，難任斯職，欲望特降睿旨，委

任重臣，經畫荊襄，令臣罷制置使職事，依舊充神武後軍統制，庶得少安愚分。謹錄奏聞，伏候勅旨。」❻

詔不許。曰：「具悉。朕惟荊楚之郊，自昔用武之地，以卿有憂國濟時之志，有馭衆卻敵之威，故命以制西南一面之事。比提王旅，深入盜區，折馘執俘，所向必克，輿圖所復，幅員千里，朕方圖爾之功，以觀厥成，遽覽奏章，亟辭舊職，殆非朕之所期於卿者也。勉服至意，毋復有陳，所辭宜不允。」

趙鼎且奏：「湖江鄂岳，最為沿江上流控扼要害之所，乞令岳飛鄂岳州屯駐，不惟江西藉其聲援，可保無虞，而湖南二廣江浙亦獲安妥。」高宗乃以襄陽隨郢唐信陽府路，隸之岳飛。

上述為岳飛光復今之鄂、豫重鎮簡要經過。從此以後，杭州行在與西北廣大地區之交通，方可暢通，高宗倚重信賴岳飛，亦自此後與日俱增。除迭頒詔令嘉許並賜親書御札外，且命每年例必來朝，面議要務。如紹興六年二月初九日入覲，命從駕游內苑；紹興七年二月初八日入覲，與談用兵之要，又命扈蹕赴建康，信任所加，均足見之。

三、光復豫晉魯境北定中原

紹興七年（一一三七年）二月十五日，係岳飛三十五歲生日，高宗特授太尉（南宋武職首階），依前武勝定國軍節度使，陞任湖北京西路宣撫使、兼營田大使。三月初九日扈蹕高宗至建

康（今南京），手疏恢復中原之大計。❼

十一月十八日金人廢劉豫，而秦檜於次年三月六日再度為相。岳飛上奏，謂宜乘金人廢立劉豫之際，乘其不備，長驅以取中原，秦檜難之，乃復致書尚書左僕射趙鼎曰：「軍務倥傯，未遑脩候，恭維臺履康吉，伏冀為國自珍！近得諜報，知逆豫既廢，虜倉卒未能鎮備，河洛之民，紛紛擾攘。若乘此興吊伐之師，則克復中原，指日可期，眞千載一機也。乃廟議迄無定算，倘遲數月，事勢將不可知矣！竊維閣下素切不共之憤，孰籌恢復之計，乞於上前，力贊兪旨，則他日廓清華夏，當推首庸矣。輕瀆清嚴，不勝惶汗！岳飛頓首。」❽

又於紹興八年（一一三八年）四月上奏曰：「臣自去多聞金人廢劉豫，有可乘之機，是以屢貢管見，塵瀆天聽。三月二十六日領樞密院劄子：奉聖旨令臣條具曲析以聞，臣喜而不寐，以為陛下慨然英斷，將欲興王師，舉大事，以雪積年之恥，故臣輒忘淺陋，周述利害，仰紊睿明，覬或采納。今月初七日，臣所差人回，未蒙朝廷處分，伏望早降指揮，俯賜兪允，取進止！」

旋奉指覆，以時方議和，令毋得深入。岳飛乃日夜訓閱部隊，更迭調軍，於襄陽武漢嚴密守備。

是年（紹興八年）十二月二十八日秦檜代受金使國書，和議成立，高宗賜親書御札與岳飛曰：「今月二十七日，已得大金國書，朕在諒陰中難行吉禮，祇是宰執代受。書中無一須索，止是割還河南諸路州城，此皆卿等扶危持顛之效，功有所歸，朕豈可忘。尙期飭備，以保全勳，故茲親札，各宜體悉！付岳飛。」

紹興九年（一一三九年）元月十一日高宗授武穆開府儀同三司（南宋文職官階之首），文武職位，均居首階。

紹興十年（一一四〇年）四月，金人叛盟，高宗賜札岳飛，結約招納，從便措置，乘機取勝，原札有曰：「金人過河侵犯東京，復來占據已割舊疆，卿素蘊忠義，想深憤激，凡對境事宜，可以乘機取勝。結約招納等事，可悉從便措置。」岳飛奉札奏乞赴行在面陳機密，未允。

五月六日金人大舉入寇，高宗詔各路大將竭力以圖大計。

六月初一日特授岳飛少保，依前武勝定國軍節度使，充湖北京西路宣撫使、兼河南北諸路招討使兼營田大使。岳飛再上奏擬面陳機密，高宗仍未允，飭以密書來報。設若高宗當時能允岳飛來朝面陳機密，行其大略，則金必敗北。惜乎高宗皇帝在前既未採納樞密院編修胡銓於紹興八年（一一三八年）十一月二十九日上書乞斬秦檜、孫近、王倫之議（書中有「願斬三人頭！則三軍之師，不戰而氣自倍」之語），今又未允岳飛來朝面陳機密，反於一年之後，聽信秦檜，誣陷岳飛，自毀長城，其不智也固如此！而國家民族之不幸，則更無可補償矣！按高宗所覆岳飛未允來朝御札如下：

「覽卿來奏，欲赴行在奏事，深所嘉歎！況以戎事之重，極欲與卿相見。但虜酋在近，事機可乘。已委卿發騎兵至陳、許、光、蔡出奇制變，因以應援劉錡。及遣舟師至江洲屯泊，候卿出軍在邸，輕騎一來，庶不廢事。卿憂國康時，謀深慮遠，必有投機不可淹緩之策。可親書密封，急置來上，朕所虛佇也。遣此親札，想宜體悉！付岳飛。」

岳飛奉札，於是乃命王貴、牛皐、董先、楊再興、孟邦傑、李寶等提兵自陝以東，西京、汝、鄭、潁昌、陳、曹、光、蔡諸郡分布經略。又遣梁興渡河，會合忠義社，取河東西北州縣。調兵之日，命各語其家人，期以河北平乃相見。又遣官兵東援劉錡，西援郭浩。控金商之要，應川陝之師，而自以一軍長驅以闞中原。「武穆行實編年」紀述引兵北伐節節勝利，並郾城、朱仙鎮之大捷時日如次：

1. 先於六月至蔡州（今河南汝南）境，次第光復糧產豐富的現今上蔡、新蔡、汝南、商水等縣，得到地方民衆的充分合作，指揮步、騎、水師，分兵四出進攻。閏六月十九日西進部隊首先光復潁昌府（今許昌），控制了河南大平原的中心。
2. 閏六月二十四日北進步隊光復陳州（今淮陽）。二十五日光復鄭州（今鄭縣）。二十九日夜光復中牟縣（在鄭州與開封之中間）。
3. 七月初二日光復西京（今河南洛陽）。
4. 七月七日光復南城軍（在黃河北太行山麓）。
5. 七月初八日，武穆躬親督戰大破金兀朮拐子馬於郾城，初十日郾城北五里店再大捷。十三日小商橋大捷。十四日再戰潁昌，殺金統軍上將軍夏金吾。十八日臨潁又大捷。武穆乘郾城大勝之威，進兵至汴京門戶朱仙鎭，一舉克之。⑩

於是軍聲大振，中外響應，金大將韓常皆欲內附。先是岳飛自紹興五年遣義士梁興敗金人於太行，殺其僞馬五太師及萬戶耿光祿。破平陽府神山縣，遣張橫敗金人於憲州，擒嵐憲兩州同知及岢嵐軍事判官。遣高岫魏等破懷州萬善鎭，又密遣梁興等宣布朝廷德意，招結兩河忠義豪傑之人，相與犄角破賊。又遣邊俊、李喜等渡河撫諭，申固其約。河東山寨韋詮等，皆歛兵固堡，以待王師。烏陵思謀乃虜之黠酋，亦不能制其下，但喩百姓曰：「毋輕動，俟岳家軍來，當迎降。」或率其部伍，舉兵來歸，李通之衆五百餘人，胡清之衆一千一百八人，李寶之衆八千，李興之衆二千，懷衞州張思等九人，相繼而至。白馬山寨首領孫淇等，僞統治王鎭、統領崔慶、將官李覲、秉義郎李清、及崔虎、劉永壽、孟臯、葉旺等，皆全率所部至麾下。以至虜酋之腹心禁衞如龍虎大王下忔查千戶高勇之屬及張仔楊進等，亦密受武穆旗膀，率其衆自北方來降。韓常又以潁昌之敗，失夏金吾，金吾係兀朮子婿，畏罪不敢還，屯于長葛，密遣使願以其衆五萬降。武穆遣賈興報許之。是時虜酋動息及其山川險隘，武穆盡得其實。自磁、相、開、德、澤、潞、晉、絳、汾、隰（今直、魯、豫、晉邊區）豪傑，期日興兵，衆所揭旗，皆以「岳」爲號，聞風響應。及是朱仙鎭之捷，武穆欲乘勝深入，兩河忠義百萬，聞武穆不日渡河，奔命如恐不及，各齎兵仗糧食，團結以徯武穆。父老百姓爭挽軍牽牛載糗糧以餽義師，頂盆焚香迎拜而候之者，充滿道路。虜所置守令，熟視莫敢誰何。自燕以南，號令不復行。兀朮以敗故，復簽軍以抗武穆，河北諸郡無一人從者。乃自嘆曰：「自我起北方以來，未有如今日之挫衄！」岳飛亦喜語其下曰：「這回殺番人直到黃龍府，當與諸君痛飲！」（按金人執徽欽二帝，囚在黃龍府，徽宗死於紹興五年。此即「黃龍痛飲」一語之出處。）

時方晝受降之策，指日渡河，秦檜私於金人，力主和議。欲以淮河為界，以北盡棄之。聞岳飛將成功，大懼。遂力請於高宗，下詔班師。岳飛上疏曰：「契勘金人重兵盡聚東京，屢經敗衄。銳氣沮喪，內外震駭。聞之諜者，敵欲棄其輜重，疾走渡河。況今豪傑向風，士卒用命，天時人事，強弱已見，功及垂成，時不再來，機難輕失，臣日夜料之熟矣。惟陛下圖之！」❾

秦檜聞之益懼，知岳飛之志，必不可和，乃先詔韓世忠、張俊、楊沂中、劉錡等各以本軍歸。韓世忠還楚州（今蘇北淮安），張俊還建康（今南京），楊沂中還泗州（今安徽泗縣），劉錡還太平（今當塗）。且嚴詔秦、隴四川將領胡世將、吳璘、楊政、郭浩，不得妄動。而後言於高宗，以岳飛孤軍不可留，乞姑令班師，一日（七月二十日）而奉金書字牌傳詔者十有二，岳飛嗟惋至泣下，東向再拜曰：「臣十年之力，廢於一旦，非臣不稱職，權臣秦檜實誤陛下也！」諸軍既先退，岳飛孤軍深在敵境，懼兀朮知之，斷其歸路，乃聲言將於翌日舉兵渡河，兀朮疑京城之民皆附岳飛，夜棄而出，岳飛始班師。

方兀朮夜棄京師，將渡黃河，有大學生叩馬諫曰：「太子毋走，京城可守也！岳少保兵且退矣。」兀朮曰：「岳少保以五百騎破吾精兵十萬，京師中外，日夜望其來，何謂可守？」生曰：

「不然！自古未有權臣在內，而大將能立功於外者。以愚觀之，岳少保禍且不免，況欲成功乎！」生蓋陰知秦檜與兀朮事，故以爲言。兀朮亦悟其說，乃卒留居，翌日果聞班師。

因岳飛進軍中原，郾城、朱仙鎮之大捷，聲震環宇。秦檜惟恐垂之史冊，使未來治史者及讀史者有忠奸之辨，乃用盡心計，請由高宗特下詔書，縮小戰功論列範圍，使岳飛郾城、朱仙鎮之捷，不得列入戰功。是以「高宗實錄」即未記載，按高宗所頒詔書原文如下：

「前與鄰國相持諸役，除明州城、和尚原、殺金平、順昌府、大儀鎮五處立大功者外，餘概不得以戰功論。」

觀此，可見宋史「岳飛傳」最後結論所云：「飛北伐，軍至汴梁之朱仙鎮，有詔班師，飛自爲表答詔，忠義之言，流出肺腑，眞有諸葛孔明之風，而卒死於秦檜之手，蓋飛與檜不兩立，使飛得志，則金讎可復，宋恥可雪，檜得志，則飛有死而已」之意義深長。

近之疑古者，尤其日本研究我國宋代史學人外山軍治在所著「金國史研究」及「秦檜與岳飛」二書中，亦因朱仙鎮之捷，不詳於高宗實錄，對之存疑。甚且有大膽假設，以爲「武穆行實編年」未足深信，殊不知岳珂所撰其祖「武穆行實編年」，乃於寧宗嘉泰三年（一二〇三年）十一月初一日上之於朝，奉交中書門下後省，詳加審查。審畢同奏：「委是採摭精詳，用志可嘉。」嘉泰四年六月二十四日中書、門下、尚書三省同奉聖旨：「依看詳事理，宣付史館。」從此成爲國史資料，其時距岳飛寃沒，僅六十三年許，官府文書俱存，且以宋代君主之尊嚴，岳珂時任政府官員，何敢虛構其祖之戰績，以欺時君。況岳飛寃歿於紹興十一年末，其時秦檜以宰臣兼監修國史，益且派其子秦熺纂修日曆，對高宗日曆竟敢擅改（見宋史藝文志），於岳飛戰功，豈不盡意削沒。又與秦檜合謀誣陷岳飛之万俟卨於紹興二十六年以右僕射兼提舉實錄院，岳飛戰功更何能列誌實錄。查宋史卷三十高宗本紀有「紹興二十六年六月辛卯，以秦檜既死，命史館改修日曆」之紀述，是疑古者不宜以岳飛朱仙鎭之捷，祇史傳與「武穆行實編年」兩者有載，而「高宗實錄」未紀，仍或存疑。

按朱仙鎭之役，不惟宋史卷三六五有記，卽在金國治金史者宇文懋昭撰「大金國志」及日本學人小野川秀美編「金史語彙集成」亦同有紀述，玆併錄於下，以供參考。

1. 大金國志卷十一有云：

「天眷三年（宋紹興十年）是秋，兀朮再提兵與宋將岳飛戰，連敗。飛兵至朱仙鎭，得宋朝班師詔而還。」

2. 金史語彙集成（中）有云：

「宋將岳飛果乘間襲取許、潁、陳三州。宋岳飛、韓世忠分據河州郡要害。岳飛等軍皆退去。」

綜觀上述，可知岳飛八百年前光復國土之梗概，特別有言者，先總統　蔣公生前非常重視明代名著「廣百將傳」一書，曾經親自校閱批註，親題書名，又親作序言，易名爲「歷代名將傳」，於民國四十八年令發三軍將士示爲必讀之書。書中所列，岳飛爲南宋第一。蓋南宋諸將除岳飛外，賢者如韓世忠、劉錡，以及吳玠昆仲等咸不能以比武穆光復國土之戰績，岳飛名列第一，良有以也。

註釋（因本章考證關係特殊重要，爰加註釋）

❶見宋史卷三六五、列傳卷一二四。

❷見中央圖書館藏岳珂撰「金佗粹編」。

❸見臺北中國文獻社印行「宋岳鄂王文集」卷上、三二頁。

❹見同前文集卷上、七〇頁。

❺見同前文集卷上、八四頁。

❻見同前文集卷上、八五頁。

❼奏疏全文見同前文集卷中下一四二～一四五頁。

❽見同前文集卷中下、一四九頁。

❾見同前文集卷下、二一五頁。

❿各處奏捷狀見同前文集卷下二〇七～二一四頁。

附誌：本書引錄高宗手札詔書原文，均見「金佗粹編」。

第七章 知遇長官 得力部屬

岳飛事功的成就，早年知遇長官劉韐、宗澤、張所三人影響居多，而且三人都是進士出身，學行兼優。得力部屬亦皆忠貞，玆分誌之。

一、早年知遇長官

1.劉韐，字仲偃，建州崇安（今福建）人，第進士，歷知越州，拜述古殿直學士，召爲河北、河東宣撫參謀官，又知建州、福州。宣和年間，復以守眞定，武穆行實編年所述：「眞定府路宣撫劉韐募敢戰士備胡，武穆首應募，韐一見大奇之，使爲小隊長」，即在宣和四年。是年冬，金兵抵城下，力却退敵。欽宗即位，召爲資政殿學士，復任充京城四壁守禦使，宰相沮，罷之。京城陷，奉使金營，金人命僕射韓正館之僧舍，勸任職敵方，韐曰：「偷生以事二姓，有死不爲也」，並以紙自書曰：

「金人不以予爲有罪，而以予爲可用。夫貞女不事二夫，忠臣不事兩君，況主憂臣辱，主辱臣死，以順爲正者，妾婦之道，此予所以必死也。」旋自縊殉節，爲宋遣和使唯一死難者。建炎元年贈資政殿大學士，賜謚曰忠顯。按岳飛投効劉韐未久，得父和訃，跣奔還湯陰，與劉韐關係，從此中止。

2.宗澤，字汝霖，婺州義烏（今浙江）人，登進士第，曾爲晉州趙城令，知磁州時，太原已失守，當時之官兩河者，率託故不行，澤曰：「食祿而避難，不可也！」卽日單騎就道。上奏言：邢、洛、磁、趙、相五州各蓄精兵二萬人，敵攻一郡，則四郡皆應，是一郡之兵，常有十萬人，朝廷嘉之，使任河北義兵都總管。康王再使金，行至磁，澤迎謁曰：「肅王一去不返，今又詭辭以致大王，願勿行！」康王遂回相州。奉詔任大元帥，以澤爲副元帥。岳飛與宗澤關係，卽由於宗澤之任副元帥，投効後，奉命歸宗澤指揮，據武穆行實編年載述靖康元年（一一二六）十二月至次年四月岳飛行止如下：

「十二月十五日丙子，武穆從大元帥渡河：武穆天性至孝，自北境紛擾，母命以從戎報國，輒不忍，屢趣之，不得已，乃留妻養母，獨從高宗皇帝渡河。

大元帥次北京（卽大名府），以武穆隸留守宗澤。春正月，戰於開德。

二月，戰於曹州，武穆披髮揮四刄鐵簡，直犯虜陣，士皆賈勇，無不一當百，追奔數十里，轉武翼郎。宗澤大奇武穆，謂之曰：

『爾智勇才藝，雖古良將不能過，然好野戰，非古法，今爲偏裨尙可，他日爲大將，此非萬全計也，因授以陣圖，武穆一見卽置之，後復以問武穆，武穆曰：「留守所賜陣圖，某熟觀之，乃定局耳，古今異宜，夷險異地，豈可按一定之圖。兵家之要，在於出奇不可測識，始能取勝。若平原曠野，猝與敵與，何暇整陣哉？況某今日以裨將聽命麾下，掌兵不多，使陣一定，虜人得窺虛實，鐵騎四蹂，無遺類矣。」澤曰：「如爾所言，陣法不足用耶。」武穆曰：「陣而後戰，兵之常法，然勢有不可拘者，且運用之妙，存於一心，留守第思之』。澤默然良久曰：「爾言是也」』。

四月二十四日癸未，大元帥至南京(宋爲應天府，今河南商邱)，復令武穆以所部從。」高宗卽位，宗澤以龍圖閣學士知襄陽府，旋改知青州。嘗上言曰：「金人再至，朝廷未嘗命一將出一師，但聞姦邪之臣，朝進一言以告和，暮入一說以乞盟，終至二聖北遷，宗社蒙耻。」此時岳飛亦以越職上書革職歸田里，往投河北招撫使張所。

宗澤於建炎元年（一一二七年）六月七日被任爲東京留守，因宰相李綱奏言：綏復舊都，非澤不可，乃以爲東京留守，知開封府。時敵騎留屯河上，金鼓之聲，日夕相聞，而京城樓櫓盡廢，兵民雜居，盜賊縱橫，人情洶洶。澤威望素著，旣至，首捕誅舍賊者數人，下令曰：「爲盜者贓無輕重，悉從軍法。」由是盜賊屏息，因撫循軍民，修治樓櫓，屢出師以挫敵，上疏請帝還京師。俄有詔荆襄江淮，悉備巡幸，澤又疏言：「開封物價市肆，漸同平時，將士農兵商旅士大夫之懷忠義者，莫不願陛下亟歸京師，以慰人心。其倡爲異議者，不過如張邦昌輩，陰與金人爲地爾。」既而金人遣使以使僞楚爲名，至開封，澤拘其人，乞斬之。有詔延置別館，澤奏曰：「金人假使僞楚，來覘虛實，臣愚乞斬之，以破其奸，而陛下惑於人言，優加禮遇，愚不敢奉詔，以彰國弱。」帝乃手札諭澤，竟縱遣之。

時眞定懷衞間虜兵甚盛，方密修戰具，爲入攻之計，澤以爲憂，乃渡河約諸將共議事宜，以圖收復，而於京城四壁各置使，以領招集之兵，造戰車千二百乘，又據形勝，立堅壁二十四所，於城外沿河鱗次爲連珠砦，連結河東河北山水砦忠義民兵，於是陝西京東西諸路人馬，咸願聽澤節制。澤又開五丈河以通西北商旅，守禦之具既備，累表請帝還京，而帝用黃潛善計，決意巡幸東南。

岳飛於是年十月，復回歸宗澤，澤命爲留守司統制。使保護陵寢，駐軍於今河南偃師縣、鞏縣對面洛河南岸之宋陵地區。遣使往返陷區十八次，方得迎母偕妻南來。

岳飛受知於宗澤，純在同屬忠於國家民族之志願相同，惟不幸於重歸宗澤指揮後不數月，宗澤卽於建炎二年（一一二八年）七月因憂國事成疾而卒。初澤聚兵儲糧，連合燕趙豪傑，自謂渡河克復，可指日計，前後請高宗還京二十餘奏，皆爲黃潛善、汪伯彥（爲尙書左右僕射）所抑，且疑宗澤爲變，派郭仲荀爲副留守以察之。澤憂憤成疾，疽發於背，諸將入問疾，澤矍然曰：「吾以二帝蒙塵，憤憤至此，汝等能殲敵，則我死無恨！」衆皆流涕曰：「敢不盡力！」諸將出，澤嘆曰：「出師未捷身先死，長使英雄淚滿襟」。臨危無一語及家事，連呼過河者三而卒！宗澤歿後，贈觀文殿學士，諡忠簡。杜充代任留守，岳飛改受杜充節制。

杜充棄京師往建康（今南京）後投敵，岳飛獨以所部與敵戰，在勝敵廣德，解圍宜興後，養成單獨部隊，直接受中樞指揮。迭以戰功，漸次受任將帥。惜知遇者已再無若劉韐、張所、宗澤三人。光復中原，功敗垂成，蒙寃之時，亦僅有韓世忠一人敢以「莫須有何以服天下」向秦檜質詢。

3.張所、宋青州（今山東省境）人，登進士第，靖康初爲監察御史，高宗在南京（今河南商邱）卽位，以黃潛善爲中書侍郎，與汪伯彥同知樞密院事，五月五日甲午以李綱任尙書右僕射兼中書侍郎（卽右相）。八月壬戌復以李綱任尙書左僕射（卽左相）兼門下侍郎，黃潛善爲尙書右僕射兼中書侍郎。

初李綱於欽宗靖康元年（一一二六）任尙書右丞，先後兼充親征行營使，京城防禦使，因主戰而朝廷遣使議和，於是年九月戊寅被貶。先使出知揚州，不數日，在當月之甲申又改命提舉洞霄宮。嗣以和議不成，金兵入侵未已，十一月甲午再召爲資政殿大學士兼領開封府。綱受命卽率湖南勤王之師入援，未至而京城已陷。至是，高宗任以右相，李綱奏言：「金人不道，專以詐謀取勝，中國不悟，一切墮其計中。」除陳興革之事十大要項外，更建議招兵買馬，分布要害，並奏以張所招撫河北，宗澤留守京城，西顧關陝，南葺襄鄧，此卽張所於建炎元年（一一二七年）

六月二十九日丁亥受任河北招撫使之由來。

張所在河北募兵，一時應募者達十七萬人，時燕趙之士，咸以朝廷雖棄我，猶有張招撫能拔而用之，故多樂從應募，於是張所聲振河北，曾上奏有曰：

「河東河北，天下之根本，昨者誤用奸臣之謀，始割三鎮，繼割兩河，其民怨入骨髓，若因而用之，則可藉以守，否則兩河兵民無所繫望，陛下之事去矣。且請帝亟返京師，因言其有五利：奉宗廟，保陵寢，一也。慰安人心，二也。繫四海之望，三也。釋河北割地之疑，四也。早有定處，而一意於邊防，五也。夫國之安危，在於兵之強弱，與將相之賢不肖，而不在乎都之遷與不遷也。誠使兵弱而將士不肖，雖渡江而南，安得自保。」

於此得見張所之雄謀遠略；又張所常言黃潛善之奸邪，恐害新政。時高宗方信潛善，於建炎元年八月十八乙亥罷李綱左僕射。繼之，張所亦被讒，貶置江州（今九江），此在九江府志卷四十三「寓賢」一節，紀述頗詳。迨後又被謫至潭州（今長沙）界內，為賊酋劉忠所虜，百端誘脅，使從己叛，張所罵之，終不肯從，遂至被害身死。堅貞忠直，死不變節。李綱與之定交，岳飛受其知遇，良有以也。

按劉忠，於紹興二年（一一三二）九月為岳飛剿平，在「行實編年」有如下紀述：

「軍至江州，劉忠之餘黨四千餘人寇蘄之廣濟縣，又李通已受招安，在司公山不肯出，令武穆掩捕，悉平之。」

張所遇害後，其子宗本尚幼，岳飛訪求鞠養，敎以儒業，飲食起居，使居己子之右，紹興七年（一一三七）九月，遇明堂恩，復捨己子而奏補張所之子宗本，其奏文如下：

「臣竊見張俊例，初除太尉，陳乞奏薦男於文資內安排，臣技能蔑取，勳伐無聞，遭際聖明，承乏將帥。伏念臣昨於建炎初，因上書論事罪廢，偶幸逃死，實出聖造，於時孤子一身狼狽羈旅，因詣招撫使張所，所一見與臣言兩河燕雲利害，適偶契合，臣自白身借補修武郎閤門宣贊舍人，充中軍統領，尋又陞統制。其後張所軍次北京（今河北大名），蒙朝廷貶責南方，卒以節死。臣念靖康以來，奮不顧身，爲國捍難者，不爲無人；而其間誤國敗事者，固亦不乏，然聖恩寬大，終於一切矜貸。若張所實先意兩河，而身未北渡，已遭橫議，今其身名凋喪，後嗣零落，使臣不言，臣則有負。欲望矜憐，將臣今歲奏薦恩例，奏補張所男宗本，依張俊例，於文資內安排。謹錄奏聞，伏候勅旨。」

岳飛於紹興九年又兩度上章，請求追復張所原職並賜褒贈，其情形如下述：

1 初請追復張所原職，原奏曰：

「臣竊見故左通直郎，直龍圖閣，河北招撫使張所，建炎初因謫官至潭州界內，爲凶賊劉忠逼勒誘脅，終不肯從，遂至被害，累經恩例，因無人申請，未曾牽復。臣按所質本疏愚，蒙朝廷識拔，當艱危之際，奮不顧身，有志未遂，能以節死，欲望聖慈矜憫，特賜追復原職，以激忠義之風，取進止。」

高宗允准，於是年十一月十二日追復張所爲直龍圖閣。

2再請賜張所褒贈，原奏曰：

「飛竊聞好生惡死，天下常情，若臨大難而不變，視死如歸者，非忠義之士不能。伏見左通直郎直龍圖閣張所，以忠許國，義不顧身，雖斧鉞在前，凜然不易其色。終能以全節自守而不屈，不惟飛知之，士大夫無不知之。今蒙朝廷已敍復元官，恩至渥矣。然區區之心，欲望更賜敷奏，特與優加褒異，庶使天下忠義之士，皆知所勸。冒瀆鈞嚴，飛不勝惶懼待罪之至。」

高宗復允所請，特與張所一子官職，並贈賜張所家屬白銀一百兩，絹一百匹。

觀如上述，得見劉韐、宗澤、張所事略並岳飛之如何特重節誼。唯「宗澤傳」有曰：「秉義郎岳飛犯法將刑，澤一見奇之曰：『此將材也。』會金人攻汜水，澤以五百騎授飛，使立功贖罪，飛大敗金人而還，遂升飛爲統制」，依「岳飛傳」及「武穆行實編年」紀述，顯與時、地、事均有不符，茲併作考註如次：

1「岳飛傳」紀宗澤授圖事有曰：「隸留守宗澤，戰開、德、曹州皆有功，澤大奇之曰：爾勇智才藝，古良將不能過，然好野戰，非萬全計，因授以陣圖，飛曰：陣而後戰，兵法之常，運用之妙，存乎一心。澤是其言。」

2武穆行實編年對宗澤授岳飛以陣圖之時與地點均有詳細紀述，其時爲靖康二年（一一二七）

二月，地點在勝敵之曹州。

3「岳飛傳」有云：「詣河北招討使張所，所待以國士，借補修武經郎，充中軍統領」，又有云：「復歸宗澤，爲留守司統制」，此於「行實編年」亦有詳細紀述，其時前者爲建炎元年八月，後者爲同年十月。

4查宗澤死於建炎二年（一一二八）七月，杜充代之，汜水之戰在八月二日，武穆係受杜充之命迎敵，「岳飛傳」云：「大戰汜水關，射殪金將，大破其衆，駐軍竹蘆渡，與敵相持，選精銳三百伏前山下，令各以薪芻交縛兩束，夜半燃四端而舉之，金人疑援兵至，驚潰」。又據「行實編年」載其經過曰：「八月初二日武穆與金人大戰於汜水關，虜有騎將往來馳突，武穆躍馬左射，應弦而斃，虜衆亂，官軍奮擊，大破之，又檄武穆留軍竹蘆渡，與虜相持，糧將盡，武穆密選精銳三百，伏前山下，令人各以薪屬交縛兩束，四端燃火，夜半皆舉，虜疑援兵至，驚潰，武穆追擊，大破之，以奇功轉武功郎」，凡此可知汜水之戰其時與地及戰役經過，其時宗澤已死，自無從以命岳飛，雖言「會金人攻汜水，澤以五百騎授飛，使立功贖罪，飛大敗金人而還，遂升飛爲統制」。

5查宋史中有關「岳飛」史事甚多，李心傳撰「建炎以來繫年要錄」，紀述高宗一朝史事尤詳，且宋史「岳飛」傳係單獨一卷，「宗澤，趙鼎」傳係合併一卷，除「宗澤」傳外，均無「飛犯法將刑」之任何紀述，宗澤傳中此語顯屬訛誤。且繼此語之下更有「澤一見奇之」一語，查宗澤一見奇之，乃在汜水關戰役前之一年六個月以上，授以陣圖之時。更難能涉及所謂「會金人攻汜水」之時，此節「宗澤」傳述，自屬有誤。

按岳飛一生唯謹慎，奉命行止，謀而後戰，功敗垂成，明知爲權臣誤國，尚可奉詔班師，何可言其輕於違法也。

岳飛、劉錡、宗澤、張所四人在宋史中皆遺留名言，原句如下：

岳飛：文臣不愛錢，武臣不惜死，天下平矣。

劉錡：偷生以事二姓，有死不爲也。

宗澤：出師未捷身先死，長使英雄淚滿襟。（此本杜甫丞相（諸葛亮）祠堂詩末後一聯，宗澤引以自況。）

張所：誠使兵弱而將士不肖，雖渡江而南，安得自保。

二、所統之軍員額編制與重要部屬

岳飛統軍，宋史稱之有曰：「凡有頒犒，均給軍吏，秋毫不私；善以少擊衆，欲有所舉，盡召諸統制與謀，謀定而後戰，故有勝無敗；猝遇敵不動，故敵爲之語曰：『撼山易，撼岳家軍難！』」故岳飛之軍，在歷史上最受嘉評。凡研究練兵作戰者，多首及之。考其治軍之道，宋史復有曰：「好賢禮士，覽經史，雅歌投壺，恂恂如書生。每辭官，必曰：『將士效力，飛何功之有。』」茲依史書及有關他的史事資料（如湯陰精忠廟志）就其所統之軍員額編制與重要部屬，作如下之列舉敍述。

（一）部隊人數

他於建炎三年（西元一一二九年）十月以前，在杜充指揮下任統制，杜充棄建康投敵後，毅然獨以所部與敵戰於今之京杭國道地區，方單獨成軍，勝敵廣德後，受命爲御營使司統制，克復溧陽後，升爲御使下都統制。繼之，於建炎四年（一一三〇年）五月初十日光復建康（今南京），七月任通泰州鎮撫使兼知泰州（今江蘇泰縣）。在履任奏疏中，有「本軍頭口老小正兵七萬餘人口」之語（見岳珂編「岳王家集」及錢汝雯編「宋鄂王文集」），可見當時部隊人數爲七萬餘人。其後汰弱留強，在紹興元年（一一三一）與張俊合兵，進討李成匪三十餘萬；紹興二年（一一三二）以神武副軍都統制權知潭州（今湖南長沙）兼權荊湖東安撫都總管，進剿曹成匪十餘萬，乃均選自此七萬餘中之精銳，是以攻無不取，戰無不克。

他重精選，汰弱留強，於下錄進剿曹成匪寇時一項奏疏（同見「岳王家集」）可以見之：

「契勘飛近奉聖旨：差權荊湖東路安撫都總管及統率馬友、並本路李宏、吳錫、韓京諸頭項軍馬，前來措置撫掩殺曹成。飛尋依應起發，已到湖東界，其韓京原屯兵衡州茶陵縣；吳錫在郴州。兩項所管官兵，多是老弱及湖東土人在內充數。其實堪出戰人各不滿一千。又緣不經戰鬥，久在州縣屯泊，全無紀律，今來飛已將上件人馬，除揀選不堪披帶人給據放散外，實堪披帶人數分撥付本軍諸將收管使喚訖。謹具申尚書省（並樞密院），伏乞照會謹狀。」

當時部隊人數，考其另一奏狀有云：「照對臣所統本軍官兵一萬二千餘人，除存留二千人吉州看管老小並隨軍輜重火頭佔破外，實出戰只有七千餘人；吳全二千人，除輜重火頭外，實出戰一千五百人；韓京三千人，除留看寨輜重火頭外，堪出戰只有一千餘人；吳錫約二千餘人，堪出戰有一千人；張中彥人馬現在廣東未到，今來共計見有實出戰官兵一萬餘人。所有曹成賊寇僅十餘萬衆，臣已竭力措置外，伏望聖慈速令並進後援，庶使臣無反顧之憂，得以有濟，伏乞睿照。」可見剿曹成時實際作戰官兵祇爲一萬餘人。

剿平李成、曹成兩大匪患後，紹興四年（一一三四）以鎭南軍承宣使、神武後軍統制、充江南西路舒蘄州兼荆南鄂岳黃復州漢陽軍德安府制置使職，光復爲敵與僞齊所侵據之襄陽、信陽諸郡，當時部隊人數，考在當年七月所上奏狀有曰：「飛今見管軍馬兼撥到牛皐董先兩項共一千餘人，合飛本軍都計二萬八千六百一十八人，輜重火頭佔破在內；欲望酌詳，令湖南留韓京、郝最兩軍在潭州彈壓外，將任士安吳錫軍馬盡數起發；及江西軍馬內令選擇克成頭項者，勾撥三千人；湖北帥司崔邦弼、顏孝恭並撥付飛相度分守，計此五項，止是二萬人，內有不堪披帶輜重火頭之數，不下三五千人，餘乞朝廷摘那，以足六萬之數，速賜遣發前來，布列諸郡，以爲久安之計。利害至重，恐不宜緩，伏望早降指揮施行。」可見光復襄陽、信陽諸郡時，所部尙未超過三萬人。

繼之，於紹興五年（一一三五）剿平巨寇楊么，仍以此近三萬精兵爲基幹。楊么平後，「獲賊舟凡千餘，鄂渚水軍之盛，遂爲沿江之冠。」（見鄂王行實編年）從此武穆水陸步隊，方近十萬。其後以武勝定國軍節度使，湖北京西宣撫使，兼營田大使，駐屯襄漢，對所部又嚴施整訓，自請縮減，高宗於紹興七年八月賜札獎諭有曰：「比覽裁減官吏奏狀，知卿體國愛民之意，深契朕心。嘉歎無已！付岳飛。」紹興十年（一一四〇）六月奏准北伐，再加擴編，且於敵後成立忠義軍，人數大增。奉詔班師後，再爲縮減，至紹興十一年（一一四一）寃歿之時，所部官兵共爲十萬零九百人，曾敏行撰「獨醒雜誌」紀述有曰：「身死之日，武昌之屯至十萬九百人，皆一可以當百，余嘗訪其士卒，以爲勤惰之分，功過有別，故能得人心。曩時嘗見其提兵征贛之固石洞，軍行之地，秋毫無擾，至今父老語其名，輒感泣焉！蓋其每駐軍，必自從十數騎周遭巡歷，惟恐有一不如紀律者。」此乃岳飛部隊之成長與實有人數之概況。（按宋史兵志及李心傳「建炎以來朝野雜記」云：紹興十二年軍額二十一萬四千五百餘人。是岳飛部隊幾佔其半。）

（二）部將員額

岳飛部隊，在紹興五年（一一三五年）七月以前，其可考見者爲置十將。此於岳珂撰「金佗粹編」紀述有曰：

「紹興五年八月三日省劄，岳飛奏，本軍朝廷指揮，置立十將，今來人數稍增，欲乞添置，詔以三十將爲額。」

從此可知自是年八月起，岳飛部將員額編制已爲三十人。

紹興十一年（一一四一年）四月二十四日他以「少保、武勝定國軍節度使、開府儀同三司、湖北京西路宣撫使、兼營田大使、河南北諸路招討使」，調任樞密副使。所部改由張憲以「御前前軍統制權副都統節制鄂州軍馬」名義暫統之。他奉「特旨位在參知政事上」，同年八月初九日又奉調「萬壽觀使、奉朝請」。除夕，寃獄賜死。死後第二十一年即宋紹興三十二年孝宗秉承太上皇帝高宗之命，追復武穆原官。乾道六年（西元一一七〇年）孝宗又特准先在武昌、繼在杭州立廟，賜額「忠烈」，以爲紀念。

岳飛湯陰故里，於明景泰元年亦蒙景帝允准立廟，賜額「精忠」，部將配祀廟廂，立有三十八人名位。據「精忠廟志」載列，各具官職姓名，以此考證，則在紹興五年八月三日以後至紹興十一年四月之間，岳飛部將員額，已由原奉核定三十員名額，復增八名，共爲三十八人。此八人者，殆即最後經大行忠義梁興號召南來之兩河豪傑之士如趙雲、王進、董榮、張裕等是也。

（三）重要部屬

重要部屬，除長子雲外，宋史列有傳者，僅張憲、牛皋、楊再興、胡閎休、李寶等五人，論評有曰：「憲等五人，皆岳部將，爲敵所畏，亦一時之傑也，然或以戰歿，或以憤卒，而憲以不證岳獄寃死，悲夫！」所部除王貴爲張俊脅迫收買，董先、傅選後亦曲附秦檜外，其餘皆忠義之士，惟各書所考部屬人數不同，湯陰精忠廟從祀者三十八人多為武將，文職如所謂黃機密及其他重要僚屬如參謀官薛弼、參議官李若虛則皆未列。爰依可考者一併誌之。

1張憲——閬州人，即今四川閬中，乃從岳飛最早之得力將領，歷任閬州觀察使，御前前軍統制，宣撫司副都統。當建炎四年（西元一一三〇年）七月岳飛任通泰州鎮撫使兼知泰州時，在上奏高宗文中，即有「飛已差張憲權行守城」之語，宋史列傳（卷一二七）張憲傳略云：

「張憲，飛愛將也，飛破曹成，憲與徐慶王貴招降其黨二萬……。飛遣憲復隨州，敵將王嵩不戰而遁。進兵鄧州，距城三十里，遇賊兵數萬，與王萬、董先各出騎突擊，賊衆大潰，遂復鄧州。十年金人渝盟入侵，憲戰潁昌；戰陳州；皆大捷，復其城。兀朮頓兵十二萬於臨潁縣，楊再興戰與死之。憲繼至，破其潰兵八千。兀朮夜遁，中原大震。會秦檜主和，命飛班師，未幾檜與張俊謀殺飛，密誘飛部曲，以能告飛事者，寵以優賞，卒無人應。聞飛嘗欲斬王貴，又杖之，誘貴告飛，貴不肯曰：『為大將寧免以賞罰用人，苟以為怨，將不勝其怨。』檜、俊不能屈，俊劫貴以私事，貴懼而從。時又有王俊者，善告訐，號鵰兒，以姦貪屢為憲所裁，檜使人諭之，俊輒從。檜、俊謀以憲、貴、俊皆飛將，使其徒自相攻發，因及飛父子，庶主上不疑。俊自為狀付王俊，妄言憲謀還飛兵，令告王貴，使貴執憲。憲未至，俊預為獄以待之，親行鞫煉，使憲自誣，謂得雲書，命憲營還兵計。憲被掠無全膚，竟不服。俊手自具獄成告檜，械憲至行在，下大理寺。檜奏召飛父子證憲事，帝曰：『刑所以止亂，勿妄追證，動搖人心！』檜矯詔召飛父子至，万俟卨誣飛使于鵬、孫革致書憲、貴。令虛中警報，以動朝廷。雲與憲書，規還飛軍。其書皆無有，乃妄稱憲貴已焚之矣，但以衆證具獄，語在飛傳。憲坐死，籍家貲。紹興三十二年追復龍神衞四廂都指揮使閬州觀察使，贈寧遠軍承宣使，錄其家。」（按張憲有子四人俱補承信郎，理宗景定二年（一二六一年）追封烈文侯。）

2牛皐——字伯遠，汝州魯山人，今河南魯山縣。俗多誤以牛皐爲岳飛少年朋友，同時從軍。實則牛皐在任蔡唐州信陽軍鎭撫使兼知蔡州時，因僞齊南侵，撤守率部南來，於紹興三年十二月始奉詔歸岳飛節制，命爲神武後軍統制，在此以前，並無過從。宋史列傳（卷一二七）牛皐傳略云：

「初爲射士。金人入侵，皐聚衆與戰屢勝，西道總管翟興表補保義郎。杜充留守東京，皐討劇賊楊進於魯山，三戰三捷，賊黨奔潰，累遷榮州刺史中軍統領。金人再攻京西，皐十餘戰皆捷，加果州團練使，京城留守上官悟辟爲同統制兼京西南路提點刑獄。金人攻江西者自荆門北歸，皐潛軍於寶豐之宋村擊敗之，轉和州防禦使，充五軍都統制。又與孛堇戰魯山鄧家橋敗之，轉西道招撫使。僞齊乞師於金入寇，皐設伏要地，自屯丹霞以待，敵兵悉衆來，伏發，俘其酋鄭務兒，遷安州觀察使，尋除蔡唐州信陽軍鎭撫使，知蔡州。遇敵戰輒勝，加親衞大夫。會岳飛制置江西湖北，將由襄漢規中原，命皐隸飛軍，飛喜甚，卽辟爲唐鄧襄郢州安撫使，尋改神武後軍中部統領。僞齊使李成合金人入寇，破襄陽六郡，敵將王嵩在隨州，飛遣臯行，裹三日糧，糧未盡城已拔，執嵩斬之，得卒五千，遂復隨州。李成在襄陽，飛遣臯以騎兵擊破之，復襄陽。金人攻淮西，飛遣臯渡江，自提兵與臯會。時僞齊驅甲騎五千薄廬州，臯遙謂金將曰：『牛臯在此，爾輩胡爲見犯。』衆皆愕然，不戰而潰。飛謂臯曰：『必追之，去而復來，無益也。』臯追擊三十餘里，金人相踐及殺死者相半，斬其副都統及千戶五人，百戶數十人，軍聲大振。廬州平，進中侍大夫。從平楊么破之，么技窮，舉鍾子儀投於水，繼乃自仆，臯投水擒么，飛斬首函送都督行府，除武泰軍承宣使，改行營護聖中軍統制，尋充湖北京西宣撫司左軍統制，加龍神衞四廂都指揮使。金人渝盟，飛命臯出師戰汴許間，以功最，除捧日天武四廂都指揮使，成德軍承宣使。樞密行府以兼提舉一行事務。宣撫司罷，改鄂州駐劄御前左軍統制，升眞定府路馬步軍副都總管，轉寧國軍承宣使。荆湖南路馬步軍副總管。紹興十七年上巳日，都統制田師中大會諸將，臯遇毒亟歸，語所親曰：『臯年六十一，官至侍從，幸不啻足，所恨南北通和，不以馬革裹屍，顧死牖下耳。』明日卒，或言秦檜使師中毒臯云。」理宗景定二年追封輔文侯。

3楊再興——史不詳其何許人，據薛季宣浪語集謂係猺人，或謂係忠襄楊邦乂子（按楊邦乂，宋吉水人。舉進士，建炎初知溧陽縣，金兀朮兵至，守將降，邦乂不屈，遂被害，諡忠襄。）均無確證。初爲賊曹成將，紹興二年岳飛破曹成於今之廣西賀縣，楊再興被擒，岳飛釋之，激以忠義，再興感泣，屢立戰功。宋史楊再興傳（列傳卷一二七）略云：

「紹興二年岳飛破成入莫邪關，成敗，再興走躍入澗，張憲欲殺之，再興曰：『願執我見岳公！』遂受縛。飛見再興奇其貌，釋之曰：『吾不汝殺，汝當以忠義報國！』再興拜謝。飛屯襄陽以圖中原，遣再興至西京長水縣之業陽，殺孫都統制滿在，斬五百餘人，俘將吏百人，餘黨奔潰。明日再戰於孫洪澗，破其衆二千，復長水，得糧二萬石，以給軍民。盡復西京險要，又得僞齊所留馬萬匹，芻粟數十萬，中原響應，復至蔡州焚賊糧。飛敗金人於郾城，兀朮怒，合龍虎大王蓋天大王及韓常兵逼之，飛遣子雲當敵，鏖戰數十合，敵不支，再興以單騎入其軍擒兀朮不獲，手殺數百人而還。兀朮憤甚，併力復來，頓兵十二萬於臨潁，再興以三百騎遇敵於小商橋。驟與之戰，殺二千餘人及萬戶撒八孛堇，千戶百人，再興戰死。後獲其屍焚之，得箭鏃兩升。」

4胡閎休——胡與黃機密名縱，同爲岳飛軍中主管軍機文書者，惟胡在宋史有傳，黃則無。按宋史列傳卷一二七有云：

「胡閎休字良弼，開封人，宣和初入太學，時方諱兵，閎休著兵書二卷。靖康初創知兵科，閎休應試中優等，補承信郎。金人圍城，閎休分地而守。二帝詣金營，閎休欲結義士刼之，何㮚禁止之。二帝北遷，范瓊散勤王師，閎休曰：『勤王師可進不可退』。檄令隨軍，而無靖康年號，閎休得之淚下，懷檄而走。從辛道宗勤王南渡，以忠義進兩官，湖湘盜起，或曰招之便，或曰討之便，閎休作致寇禦寇二篇，言天地之氣，先春後秋，招之不伏則討之，於是以岳飛爲招討使，飛辟閎休爲主管機宜文字，以誅鍾子儀功，進成忠郎。飛被誣死，閎休發憤杜門，佯疾十年卒，有勤王忠義集藏於家。」

5李寶——河北人，初自虜中拔歸，從岳飛爲將。屢請歸山東，約曹州之衆來歸，嘗命寶與牛皐、王貴、董先等分布經略西京諸郡，寶奏捷於曹州；又捷於宛亭荆堤；又捷於渤海廟；所向有功。宋史列傳卷一二九略云：「紹興末，金主亮渝盟，造舟潞河，將由海道襲浙江。諜聞，高宗授寶浙江西路馬步軍副總管，令督海舟捍禦。次江陰，先遣子公佐潛伺敵動靜虛實，公佐已挾魏勝得海州，寶喜，趣衆乘機進，適大風作，海濤如山，寶神色不爲動，風稍殺，始縱舟泊。抵東海，敵已雲合圍海州，旌麾數十里，寶麾兵登岸，握槊前行，遇敵奮擊，將士賈勇，無不一當十，敵出不意，亟引去。勝出城迎，寶獎其忠義，遣使四出，招納降附，聲振山東，豪傑爭應。寶檄所部會密之膠西，至石臼島，敵舟已出海口，泊唐島，相距僅一山，寶船鼓聲震疊，海波騰躍。敵大驚，寶亟命火箭環射，延燒數百艘，斬其帥六人，獲其統軍符印與器甲糧斛，數以萬計。詔獎諭，書『忠勇李寶』四字表其旗幟，除靜海軍節度使；沿海制置使。寶戰具（卽武器）精利，宰臣陳康伯取其長槍弓弩爲式仿製，卒贈檢校少保。」景定二年追封崇文侯。

6黃縱——卽所謂黃機密。據「金佗粹編」百氏昭忠錄載其子黃元振（歷任文林郞）所作如下事略，可見其係進士出身。文中所稱公，卽指岳飛，文曰：

「靖康初趙九齡爲御營機宜，張所爲河北招撫使，辟九齡兼幹辦公事。公始從河北軍，九齡一見，便識公爲天下奇才。公亦推九齡之智謀。及公之討楊么，欲辟九齡爲幕客，九齡不果行。初九齡見先父縱紹興初所上論兵書，乃與先父定交。至是，遂薦先父以自代，公乃辟先父主管機密，軍行至潭，潭帥席參政，賀公幕中得士，曰：『某在後省時，所閱二千餘書，無如黃機密者。某薦之，已得旨命官，爲有力者所沮，此西漢人才也。』公喜，以告先父。先父亦未嘗識席參政也。故公軍事必與先父謀之，先父亦感公之知己，知無不言，庶乎自竭，以報效於公。先父始以進士借補從事郎，不幸大功未立。公爲權臣中禍，天下痛之！先父亦屏居田野。時時談及軍中舊事，嘗謂：『公之英威，古人不能過。至於仁心愛物，雖古之名將，有所不逮。若夫盛德懿行，夙夜小心，不以一物累其心，雖今之名師宿儒，勉強而力行者，公則優爲之』。」

7徐慶——從岳飛最早，嘗與王萬共擒賊黨姚達、饒青等十數人於四望山。亡將李宗亮誘張式叛，夜至筠州，劫殺其衆，慶捕滅之。又從攻固石洞，岳飛授以方略，捕諸郡賊，以次敗降。又從武穆定隨州，與張憲俱有功。景定間追封昌文侯。

8王貴——建炎元年，貴嘗聚衆萬餘人，往來河上爲盜。後降於東京留守宗澤，遂隸岳飛。相隨攻伐甚多，劉忠將高聚犯沅州，貴擊擒之。張威寇陷袁州萍鄉，又追擊之。破郭開，擒姚達饒青。從岳飛攻鄧州，貴由光化路掩擊賊兵。從攻唐州，僞五大王劉復擁兵迎敵，貴遇之於大標木，一戰逐北。僞都統薛亨以衆來援，貴與董先戰之，陽北，命馮賽以奇兵繞出其後，亨果來追，貴、先回兵夾擊，賊衆大潰。貴引兵至蔡，城閉拒未下，武穆奉詔使貴返，貴至白塔，叛李成等併兵絕貴歸路，貴擊敗之，追殺五里，還至牛蹄，賊復益兵來追，有數千騎方渡潤，爲董先追擊，盡擁入潤中，積屍塡谷，賊兵引去。又與牛皋等共定河西諸郡。又與岳雲共破兀朮於潁昌，兵勢大振，貴之力亦多。時檜謀死岳飛，與張俊議，誘其部曲之能告之者，及貴初不從，竟劫貴陰事，貴不得已從之。景定間追封尙文侯。王貴之副統制王俊具狀誣陷，秦檜上奏有曰：「王貴昔在岳飛軍中訐其陰謀有勞」，先升盧州觀察使，又升浙東馬步軍制都主管。

9董先——原在京西西北路安撫制置使、兼知河南府翟興指揮下任統制。興歿，竟叛降僞齊。興子琮邀其反正，擢爲都統制並任郢州鎭撫使，南來後奉詔歸岳飛節制，嗣隨岳飛攻鄧州，出奇兵掩擊賊，賊衆大潰，擒賊將高仲以獻。又與王貴攻唐州，戰陽北取勝，虜犯漢上，武穆先與牛皋等迎戰，且令諸將聽節制，先深入，逢虜騎萬餘，先一麾軍退，皋等告曰：「不戰便退，不惟爲虜易，歸則宣撫不赦，不如不深入」。先不從，退百餘里始劄營，虜晚亦駐軍，黎明先又退百里，虜襲人至散方擊，及百里又劄營，次日復如前，先遂與牛皋等議曰：『諸君欲戰，今日正效力死戰時也。』既戰，先身插數小旗，用小鼓小鑼，與虜騎對壘，使步人皆坐，先出戰，走馬覘軍畢，候虜騎近，出小旗，軍起立，再旗甫定，鳴小鼓，前擊虜，衆不動，鋪鎗作走勢，虜騎方向前，再鳴鼓向敵，又未動，如此者三，虜騎動，分四頭項擊，虜騎歸至唐州界牛蹄白石，方飯，伏兵旗幟遍山，虜驚怖莫逃，俘獲甚衆，得馬三千匹，騎兵千餘人，武穆得此馬，軍勢大壯，先除軍職，正任承宣使。又從攻虢州寄治盧氏縣下之，殲其守兵，獲糧十五萬石，降其衆數萬。嗣後秦檜引先證武穆有建節與藝祖同時語，恐先有異詞，慰先曰：『毋恐，第證一句即出。』先唯唯如命。乃出身於叛逆者，以屈從張俊，陞龍神衞四廂都指揮使、新江南西路馬步軍副都總管，景定間追封煥文侯。

10.王剛——郾城之戰，敵至城北五里店，剛以背嵬將率五十騎出戰，奮身先入，斬敵將，賊衆驚駭。

11張用——相州人，與岳飛同鄉里，勇力絕羣，號莽蕩。其妻勇在用右，號一丈青。寇江西，武穆討之，至中途，遣一卒持書諭用曰：「南薰門鐵路步之戰，皆汝所悉也，今吾自將在此，欲戰則戰，不欲戰則降。」用與其妻得書拜曰：「果吾父也，敢不降。」遂俱解甲，岳飛用之，屢立戰功。

12姚政——敵將韓常及鎭國大王邪也孛堇寇潁昌，岳飛遣政與董先敗之。

13黃佐——平楊么時，受命岳飛，招降驍悍之楊欽，立功顯著，官至武義大夫閤門宣贊舍人。

14任士安——爲統制時，從平湖寇，慢王𤫉令，不戰，及岳飛至，鞭士安一百，使餌賊，曰三日不平賊，必斬汝矣，士安卒與牛皋等力戰破賊。

15孟邦傑——與王貴、牛皋、楊再興等受岳飛之命分布經略西京諸郡。

16梁興——岳飛郾城大捷，梁興渡河會太行忠義及兩河豪傑等破賊於絳州垣曲縣，虜入城，復拔之。又捷於沁水縣。繼之，又追至孟州王屋縣之邵原，降漢兒軍張太保等。又追至東陽，賊棄營走。又由濟源縣曲陽破高太尉之兵，橫屍十里，高太尉引懷孟衞等州兵萬餘再戰，又破之，高太尉以餘卒遁，又敗之于翼城縣，又會喬握堅等進復趙州。活躍於今之晉、豫、魯、冀邊區。武穆奉詔班師，梁興在河北不肯還，取懷衞二州，大破兀朮之軍，斷山東河北敵後之路，金人大懼，惜夫奸相秦檜誤國，梁亦不知所終也！

17趙雲、18李進、19董榮、20張峪、12張顯等，皆兩河豪傑，從梁興來歸，破敵于絳州等地，斬獲最多。「初河東忠義軍將趙雲嘗出軍與敵戰，至是敵執其父福及母張氏以招之，且許雲平陽府路副總管，雲不願，遂殺福，囚張氏於絳州，久之，雲間道奔武穆軍中，既武穆遣雲渡河，雲因擊垣曲縣，復取其母，武穆以爲小將」。（見建炎以來繫年要錄）

22于鵬——岳飛初保于鵬、姚政同爲武顯大夫，後因于長於文，借補參謀，專管機密，任官至右朝議大夫眞秘閣，寃獄成，刋除名，送萬安軍編管。

23孫革——任右朝散郎，寃獄成。刋除名。送潯州編管。

24王處仁——任承節郎參議官。寃獄成，刋除名，送連州編管。

25蔣世雄——任從義郎，寃獄成，刋除名，送梧州編管。

26張節夫——任右宣教郎，岳飛任樞密副使後，秦檜出之於外，遷南劍州通判。

27吳全、28韓京、29吳錫、30馬友、31李宏、32翟琮、33李道、34張旦、35李旦、36孫罩、37蔣庭俊、38王萬、39郝晸、40高青、41單藻、42張應、43邵俅、44王昇、45楊欽、46孫彥、47楊成、48吳琦、49武赳、50趙俊、51胡清、52徐憲、53李山、54寇成、55傅選、56趙秉淵等，在岳飛奏捷之官文書中，均各有事功紀錄。其他在岳飛官文書中未列舉之無名英雄尚多，如湯陰精忠廟從祀之張保、王橫（按杭州長壽路現存張保墓遺蹟、性存路現存王橫墓遺蹟）以及錢彩撰精忠說岳全傳演義所述之其他人士，因在宋史正傳及岳飛官文書均無可考，故皆未便舉列。

又參議官以李若虛最具忠義，參謀官薛弼有才而心不端，部屬以傅選品節最劣，建炎元年九月以民兵首領附於王彥，後隸楊惟忠。三年冬叛爲盜。四年春陷郴州（今湖南郴縣），大肆焚掠。其後就降，隸於武穆。而仍依然輕於忠義。岳飛寃死於獄，竟上奏：「張憲反狀，臣首證之，乞推恩進秩」。張俊喜之。

再岳飛曾誅所屬二統制：一爲劉經、一爲傅慶。其情形爲當建炎四年五月收復建康，城中已被敵人焚掠一空，徒餘灰燼。岳飛追敗敵人逃淮西之後，還屯溧陽。步將後軍統制劉經，忽欲作亂，立爲岳飛所誅。按劉經先曾立功，溧陽收復，即得其力。又前軍統制傅慶，因驍勇善戰，數立奇功，爲岳飛所喜愛。在建炎四年多恃功驕恣，故犯軍令，乃亦誅之。持法之嚴，從此可見。是以王貴、董先、傅選之流於從岳飛後，悉能守法，且亦多能立功。直至岳飛蒙寃，受奸人脅迫誘使，方又故態復萌。

上述爲岳飛部隊與重要部屬之概略，至其對上述人員如何統馭，在宋史中亦有明確答案，曰：「仁、信、智、勇、嚴」。

併誌岳飛事功最著，引軍北伐，大勝金人於郾城、朱仙鎭時重要部將姓名如下：以見其陣容之壯大與勝利之主力：

1湖北京西宣撫使兼河南北諸路招討使司副都統制、兼前軍統制、同提舉一行事務張憲。暨所屬統制徐慶、李山、寇成、傅選。

2左軍統制牛皋。

3背嵬軍將、兼機宜岳雲。

4背嵬軍將王剛。

5選鋒軍統制楊再興（郾城戰死）、副統制胡清。

6選鋒軍副統制、改差兼撞軍統制軍馬、知陝州軍吳琦。

7遊奕軍統制姚政。

8踏白軍統制董先。

9中軍統制、提舉一行事務王貴。副統制郝晸。暨所屬統制楊成、劉政。

10中軍統領軍馬、權河南府事蘇堅。河南府兵馬鈐轄李興。

11 知虢州吳赳。
12 都訓練霍興。
13 統制忠義軍馬孟邦傑。
14 統領忠義軍馬梁興、董榮、趙雲、李進、牛顯、張峪。
15 衞州（河南汲縣）忠義統制趙俊。
16 趙州（河北趙縣）忠義統制喬握堅。
17 曹州（山東曹縣）忠義統制李寶。

第八章 皇帝手札 膺寄重任

按自建炎四年（一一三〇）五月初十日岳飛光復建康（今南京）後，六月獻俘高宗行在所，七月二十日任以武功大夫昌州防禦使，通泰州鎮撫使兼知泰州（今江蘇泰縣），從此，高宗皇帝嘉其事功，付以御札手詔，年必多起。一直到了紹興十一年（一一四一）四月奉調回朝任樞密副使爲止，其可考見者，共八十六件，在第五、六章引錄已見一二，玆依岳珂撰「金佗粹編」第一至三卷「高宗皇帝宸翰」及續編第一卷「高宗宸翰摭遺」，再爲擇要選錄於後，並考述其時間背景，以見其時高宗皇帝倚重之殷切。最足珍視的是國立故宮博物院存有原札二幀(見92頁景印)。

1建炎四年九月，劉光世奉詔援楚州（今江蘇淮安），爲帥不肯渡江，遣裨將王德往，高宗賜札岳飛，令協力剿撲，札曰：

「近據劉光世差王德等統率軍馬過江之後，累奏戰捷，殺獲金人甚多，賊久駐江淮，即漸抽退，其未去者，數雖不多，若不乘勢剿除，終作腹心之患，正諸將立功報國之秋也。岳飛奮命許國，忠勞甚著，朕常嘉之，今可與光世所遣將領等協力並進，往承州楚州等處殺伐金賊，期於剿撲，當議不次推賞，其有能獲龍虎太師者，白身與除觀察使。九月十五日付岳飛。」

按承州卽今江蘇高郵，白身乃非有功名如進士出身。岳飛生平自修力學，非進士或另有其他功名，史稱其「尤好左氏春秋孫吳兵法」。

2岳飛抵承州，轉戰彌月，三戰皆捷，高宗賜手札曰：

「岳飛節義忠勇，無愧古人，所至不擾，民不知有兵也，所向必克，寇始畏其威也，朕甚嘉焉。方今國步艱難，非卿等數輩，朕孰與圖復中土者耶，奈何江表尚多餘寇，卿可竭力措置，擒獲必期靜盡，無使越境，爲吾之憂。姑賜卿金注盌一副、盞十隻，聊以示永懷也。七日御押」。

3紹興三年（一一三三）岳飛於剿平今之江西、廣東、廣西諸省邊區匪患後，奉高宗手札，召赴行在，札云：

「具奏省卿殄滅羣寇，安靖一方，應無遺類爲異日之患也，朕甚嘉之。已詔卿赴行在，可卽日就道，勿憚暑行。紀律嚴明，秋毫不犯，卿之所能也，朕不多及。七月十二日敕岳飛」。

4紹興四年（一一三四）三月岳飛奏請恢復襄陽六郡，趙鼎亦奏曰：「知上流利害，無如岳飛者」，高宗賜以手札曰：

「矧卿忠義之心，通於神明，故兵不犯令，民不厭兵，可無愧於古人矣。今朝廷從卿所請，已降畫一，令卿收復襄陽數郡，惟是服者舍之，拒者伐之，追犇之際，愼無出李橫所守舊界，却致引惹，有誤大計。雖立奇功，必加爾罰，務在遵稟號令。而已收復之後，安輯百姓，隨宜措畫，使可守禦，不致班師之後，復有疏虞，始可回軍，依舊屯駐，朕當重寘賞典，以旌爾功。故玆筆喩，無慢我言。十四日」。

5岳飛克襄陽、郢州（今湖北鍾祥）、新野、鄧州（今河南鄧縣）諸地，連奉高宗二手札，札曰：

「朕具聞卿已到襄陽，李成望風而退。朕雖有慰於心，而深恐難善其後。此賊不戰而歸，其理有二，一以卿紀律素嚴，士皆效死，故軍聲遠振，其鋒不可當；一乃包藏禍心，俟卿班師，彼稍就緒，復來擾刼，前功遂廢。卿當用心籌畫全盡之策來上，若多留將兵，唯候朝廷千里饋糧，徒成自困，終莫能守，適足以爲朕憂。不知李成在彼如何措置糧食，修治壁壘，萬無劉豫肯爲運糧之理。今旣渡江，屯泊何所，及金國僞齊事勢強弱，卿可以厚金幣密遣間探，的確具聞，蓋國計之所在也。故玆筆喩，深宜體悉」。

「具省卿奏，李成益兵而來，我師大獲勝捷，乃卿無輕敵之心，有勇戰之氣之所致也，因以見賊志之小小耳，朕甚慰焉。此月九日，嘗降親筆，令卿條畫守禦全盡之策，若少留將兵，恐復爲賊有，若師徒衆多，則饋餉疲勞，乃自困之道也，卿必有以處焉，及密遣間探，要知金虜僞齊事勢強弱，點集次第，想已必達，卿宜籌畫良策來上，庶幾不廢前功也。將來議定，卿若班師，將今留人馬亦權暫少留作守城之夫，計其餘設伏，而卿亦少留近境，再當致彼賊師再來，併力掩擊剿除，而後，雖眞實少留人馬，彼亦不敢有所侵犯也，卿更籌之，朕不遙制。付岳飛」。

6紹興四年十一月高宗命岳飛由襄陽提兵東下，解廬州（今安徽合肥）圍，賜手札曰：

「近來淮上探報緊急，朕甚憂之，已降指揮，督卿全軍東下，卿夙有憂國愛君之心，可即日引道，兼程前來，朕非卿到，終不安心，卿宜悉之。付岳飛」。

7同年（一一三四年）十二月高宗以岳飛夙夜匪懈，積勞腿部眼部均有不適，遣李廷幹至池州（今安徽貴池）軍次賜香藥一盒，並賜札撫問，札曰：

「卿義勇之氣，震怒無前，長驅濟江，威聲遠暢，宜奮揚於我武，務深得於敵情，既見可乘之機，即爲擣虛之計，眷茲忠略，豈俟訓言，深念勤勞，往加撫問。付岳飛」。

8岳飛於紹興五年（一一三五）夏四月由池州（今安徽貴池）統軍至潭州（今長沙），剿滅洞庭湖巨寇楊么，高宗賜手札曰：

「近得奏知卿已至潭州，時方盛暑，將士良勞，朕以湖湘之寇，逋誅累年，故特委卿爲且招且捕之計，欲使恩威並濟，綏靖一方。聞卿到彼，措畫得宜，朕甚嘉之。然今去防秋不遠，若此寇卽平，則可以專意捍敵，更宜多算，決致成功，此朕所望於卿者，其他曲折，張浚既至軍前，可就議也。二十三日付岳飛」。

9是年（一一三五）六月湖寇悉平，又賜手札曰：

「比得張浚奏，知湖湘之寇悉已肅清，紓朕顧憂，良用欣愜，非卿威名冠世，忠略濟時，先聲所臨，人自信服，則何以平積年嘯聚之黨於旬朝指顧之間，不煩誅夷，坐獲嘉靖。使朕恩威兼暢，厥功茂焉。腹心之患既除，進取之圖可議，緬思規畫，嘉嘆不忘。然恐招撫之初，人懷反側，更宜綏輯，以安衆情，措置得宜，彼自馴擾，浚必已與卿計之熟矣。或有陳請，可具奏來。付岳飛」。

10楊么既平，岳飛還屯鄂州（今武昌），九月十四日高宗賜手札曰：

「武昌控制上流，淮甸只隔一水，可多方措置，遣得力人間探，無使寇擾窺伺，卽今動息如何，莫謂未有警報而緩圖之，事不素定，難以應猝，卿其用心體國，萬一有警，當極力捍禦，乘勢掃戮，無少疏虞，卽卿之功，日具的實動息奏來。十四日付岳飛」。

11紹興六年（一一三六）正月太行山忠義之士梁興等百餘人來歸，岳飛奏聞，高宗賜手札曰：

「朕以寡昧之資，履艱難之運，雖夙宵自勵，冀恢復於丕基，而姦宄未銷，尚憑陵於方夏，殆欲親蒙矢石，身屬櫜鞬，報兩宮遷越之讎，拯百姓流離之苦，坐薪嘗膽，疾首痛心，十年於茲，終身屢嘆，今委宰輔，督護戎昭，而卿以柱石之資，總貔虎之衆，居懷憤激，期于蕩平，然念王者之師，本於伐叛，天下之將，專以靖民，俾號令之申嚴，慰雲霓之徯望，毋覦近效，有害成功，必使部伍無譁，田閭不擾，副我撫綏之意，共成勘定之功，捨爵策勳，朕不敢忽，故茲親筆，卿宜悉之。付岳飛」。

又賜御札，申言眷倚之意。札曰：「父兄蒙塵，中原陷沒，痛心嘗膽，不敢遑寧，已命相臣，往專經畫，正賴爾等，深體此懷，各奮精忠，勉圖報效，倘有機會，無或後時，所冀二聖還歸，故疆恢復，用副朕平日眷待責成之意。付岳飛」。

12 是年（一一三六）二月都督張浚至江上會諸大帥，稱岳飛可倚以大事，高宗命之移屯京西（襄陽），以窺中原，並賜手札曰：

「朕惟國之用武，必據形勝，以爲地利，今西南之重，實占上游，既已委卿移屯要害，深圖戰守之計，卿宜以朕之意，敦諭將佐，撫勞士卒，勉思忠義，戮力一心，協贊事機，庶克攸濟，有功必報，朕不汝忘，賜岳飛並本軍將佐等」。

13 紹興六年三月二十六日岳飛之母魏國夫人姚氏病逝江州（今九江），高宗賜以國葬，岳飛請服三年之喪，高宗遣使撫問。並賜手札曰：

「三年之喪，古今之通禮也，卿母終天年，連請守制者經也，然國事多艱之秋，正人臣幹蠱之日，反經行權，以墨絰從事，古人亦嘗行之，不獨卿始，何爲過奏之耶。且若練兵襄陽，以窺中原，乃卿素志，諸將在矢師效力，卿不可一日離軍，當以恢復爲念，盡孝於忠，更爲所難，卿其勉之，五月二十八日賜飛」。

14岳飛因近六年來，皆以盛夏行師，收曹成，平楊么，爲炎瘴所侵，遂成目疾，兼以母喪哭泣太過，並有足疾，高宗於是年（一一三六）十月遣醫官皇甫知常及僧中印相繼至軍次療治，並賜手札曰：

「近張浚奏，知卿病目，已差醫官爲卿醫治。然戎務至繁，邊報甚急，累降詔旨，促卿提兵東下，卿宜體朕至懷，善自調攝，其他細務，委之僚佐，軍中大計，須卿決之，如兵在遠者，自當日下抽還，赴此期會，想卿不以微疾遂忘國事，朕將親臨江滸矣，卿併悉之。付岳飛」。

高宗聞岳飛目疾小愈，又賜札曰：

「聞卿目疾小愈，即提兵東下，委身徇國，竭節事君，於卿見之，良用嘉嘆，今淮西既定，別無他警，卿更不須進發，其或襄鄧陳蔡有機可乘，即依張浚已行事理，從長措置，亦卿平日之志也。故茲親詔，卿宜知悉。付岳飛」。

15僞齊南侵，岳飛攻擊敗之，高宗聞捷大悅，賜手札曰：

「卿學深籌略，動中事機，加兵宛葉之間，奪險松柏之塞，仍俘甲馬，就食糗糧，登聞三捷之功，實冠萬夫之勇，朕方申嚴漕輓，督責計臣，俾遠赴於師期，庶士無於飢色，卿其勝敵益戒，用心愈剛，毋少狃於前勞，用克當以大敵，但使先聲後實，我武旣揚，將見左枝右梧，敵人自病，朕所望者，卿其勉旃。付岳飛」。

16是年（一一三六）大雪苦寒，高宗賜札撫問，又賜手札並器物，札云：

「卿志存憂國，義專報君，式總兵戎，再臨襄漢，顧霜露之冒犯，想徒御之勤勞，深副簡知，自宜神相，朕當食而歎，中夜以思，非我忠臣，莫雪大恥，所祈勉力，用究遠圖，卿目疾邇來更好安否？故茲親諭，想宜悉之。付岳飛」。

「戰鞍繡鞍各一對，龍涎香一千餅，龍茶一合，靈寶丹一合，鐵筒一對賜卿，至可領也。付岳飛」。

17紹興七年（一一三七）三月岳飛扈蹕高宗至建康（今南京），上疏奏陳恢復大計，奉高宗手札曰：

「覽卿近奏，毅然以恢復爲請，豈天實啓之，將以輔成朕志，行遂中興邪，嘉嘆不忘，至於數四，自餘令相臣浚作書具道，惟卿精忠有素，朕所簡知，謀議之間，要須委曲協濟，庶定禍亂，卿目疾邇來必好安。故茲親諭，所宜悉之。付岳飛」。

岳飛方率厲將士，將合師大舉，進圖中原，會秦檜主和議，忌其成功，沮之，其議遂寢。復賜御札易前議，札曰：

「覽奏備悉。俟卿出師有日，別降處分，淮西合軍，頗有曲折，前所降王德等親筆，須得朝廷指揮，許卿節制淮西之兵，方可給付，仍具知稟奏來。付岳飛」。

高宗既下詔招陷僞官吏，乃賜御札，令以德音檄諭。札曰：

「朕惟中原官吏，皆吾舊臣，迫於虜威，中致睽絕，豈棄君而從僞，實權時以保民，罪由朕躬。每深自咎。倘能懷忠體國，齊衆來歸，當議因其官爵，更加褒寵，罪無大小，悉與寬除，天日所臨，朕言必信。故茲親筆，所宜悉之。付岳飛」。

「卿可作恭被親筆手詔，移檄中原州縣官吏」。

復賜御札，命招諭僞齊親黨。札曰：

「劉豫親黨，有能察時順理，以衆來歸，自王爵以下，皆所不吝，罪無大小，一切寬貸，卿可多遣信實之人，宣諭朕意。付岳飛」。

18岳飛上奏，乞爲母喪持餘服，高宗未允，賜手札曰：

「再覽來奏，欲持餘服，良用愕然，卿忠勇冠世，志在國家，朕方倚卿以恢復之事，近者探報賊計狂狡，將窺我兩淮，正賴日夕措置，有以待之，卿乃欲求閒自便，豈所望哉。張浚已過淮西視師，卿可亟往商議軍事，勿復再有陳請，今封還元奏。故茲親筆，宜體至懷。付岳飛。」

19岳飛回軍中，奏乞以本軍進討僞齊劉豫，奉高宗手札曰：

「覽卿來奏，備見忠誠，深用嘉嘆，恢復之事，朕未嘗一日敢忘於心，正賴卿等乘機料敵，力圖大功，如卿一軍，士馬精銳，紀律修明，鼓而用之，可保全勝，卿其勉之，副朕注意。付岳飛」。

20岳飛奏請高宗，以淮西酈瓊軍叛，願提全軍進屯淮甸，確保行在。高宗賜手札曰：

「國家以疆埸多虞，已及防秋，比降指揮，除張俊爲淮西宣撫使，楊沂中爲制置使，而廬州統制官酈瓊，意謂朝廷欲分其兵馬，遂懷反側，不能自安，於八日脅衆叛去，朕已降詔，開諭招撫，兼遣大兵，如無歸意，卽行掩捕，卿宜知悉。比覽裁減官吏奏狀，知卿體國愛民之意，深契朕心，嘉歎無已。付岳飛。」

21是年九月十四日岳飛在襄陽防次，奏請進軍淮西，確保行在，高宗閱奏，賜札曰：

「卿盛秋之際，提兵按邊。風霜已寒，征馭良苦。如是別有事宜，可密奏來，朝廷以淮西軍叛之後，每加過慮。長江上游緩急之際，全賴卿軍照管，可更戒飭所留軍馬，訓練整齊，常在寇至。蘄陽江州兩處水軍，亦宜遣發，以防意外。如卿體國，豈待所言。付岳飛。」

（按此札今由國立故宮博物院珍藏，附影照。見九十二頁）

22是年（一一三七）十二月高宗遣使至軍次慰勞，賜手札曰：

「比降旨令卿領兵應援淮浙，庶幾王室尊安，中外寧謐，聞卿卽日就道，已屯九江，憫勞跋履之勤，良用嘉歎，今遣江諮賜卿茶藥酒果及燕犒將士，仍令諭朕委曲之意，卿其悉之。付岳飛」。

23紹興八年（一一三八）十一月高宗採信秦檜和議，賜岳飛手札曰：

「朕昨與卿等面議全國講和事，今金人已差張通古蕭哲前來議和，朕以梓宮未還，母兄宗族在遠，夙夜痛心，不免屈意商量，然皆卿等戮力練兵，國威稍振，是致敵人革心如此，卿等之功，朕豈可忘，若境土來復，自今尤當謹飭邊備，切宜體朕此意，益加訓練兵馬，常作不虞之戒，以圖永久安固。付此親札，想宜知悉。付岳飛」。

二十八日秦檜代受金人和書，高宗又賜御札，歸功岳飛，札曰：

「今月二十七日，已得大金國書，朕在諒陰中難行吉禮，止是宰執代受，書中無一須索，止是割還河南諸路州城，此皆卿等扶危持顛之效，功有所歸，朕其可忘，尙期飭備，以保全勳，故茲親札，各宜體悉。付岳飛」。

24紹興十年（一一四〇）四月，高宗以金人將叛盟，賜岳飛手札曰：

「昨因虜使至，慮傳播不審，妄謂朝廷專意議和，是用累降旨，嚴飭邊備，近據諸路探報，虜人舉措，似欲侵犯，卿智謀精審，不在多訓，更須曲盡關防，爲不可勝之計，斯乃萬全。朕比因傷冷作疾，凡十日不視朝，今則安和無事，慮貽卿還憂，故茲親詔，想宜知悉。付岳飛」。

25是年六月岳飛以儲極虛位，密爲親書上奏，高宗賜札曰：

「覽卿親書奏，深用歎嘉，非忱誠忠讜，則言不及此。卿識慮精深，爲一時智謀之將，非他人比。玆者河南復陷，旦夕愴然，比遣兵渡淮，正欲密備變故，果致俶擾，劉錡戰退三路都統龍虎等軍，以捷來上，顧小敵之堅，深軫北顧之念，卿可附近乘此機會，見可而進，或持角擣虛，或斷後取援，攻守之策，不可稽留，兵難遙度，卿可從宜措置，務在取勝，用稱引望，已進卿秩，並有處分，想已達矣，建不世之勳，垂名竹帛，得志之秋，宜決策於此，他處未曾諭旨，今首以詔卿，蔽自朕意，想宜體悉。十一日付岳飛。」

（按「名臣言行錄」紀岳飛手疏言儲貳事云：「上詔公入覲，參謀官薛弼，亦移書促公行。至是飛偕弼入奏事。公以手疏言儲貳事，銜風吹紙動搖，飛聲戰，讀不成句，公退弼進，上視之，色動。弼曰：臣在道常怪飛習寫細字，乃作此奏，雖弟子無知者。」）

26岳飛親帥大軍，於是年（一一四〇）閏六月連克潁昌（今河南許昌）、鄭州等地，七月克西京（今洛陽）並大勝敵人於郾城，高宗連續賜札曰：

「覽卿奏，克復潁昌，已離蔡州，向北措置，大帥身先士卒，忠義許國，深所嘉歎，然須過爲計慮，虜懷蠆毒，恐至高秋馬肥，不測豕突，當使許蔡遺民，前期保聚，大軍進退之宜，輕重緩急，盡以委卿，朕不從中御也。初三日付岳飛」。

「覽卿奏，知已遣兵下鄭州，自許陳蔡一帶形勢，皆爲我有，又大軍去賊寨止百餘里，想卿忠義許國之心，必期殄滅殘虜，嘉歎無已，然賊計素挾狙詐，雖其姦謀不能出卿所料，更在明斥堠，謹間諜，乘機擇利，必保萬全，兵事難以僉度，遲速進退，朕專付之卿也。已差中使勞卿一軍，未到間，卿有所欲，前期奏來，入覲無早晚，但軍事可以委之僚屬，即使就途。遣此親札，想宜體悉。付岳飛」。

「得卿奏，提兵在道，暑行勞勩，朕念之不忘，狂虜尙在近境，今已入秋，預當嚴備，以防豕突，蔡潁舊隸京西，今專付卿措置，當分兵將屯守防捍，並諸絕其糧道，使虜有腹背之顧，在卿方略隨宜處畫，朕久欲與卿相見，事畢輕騎一來爲佳，餘俟面議。遣此親札，想宜體悉。付岳飛」。

「覽卿七月五日及八日兩奏，聞虜併兵東京及賊酋率衆侵犯，已獲勝捷，卿以忠義之氣，獨當強敵，志在殄滅賊衆，朕心深所傾屬，已遣楊沂中悉軍起發，自宿亳前去牽制，聞劉錡亦已進至項城，卿當審料事機，擇利進退，全軍爲上，不妨圖賊，又不墮彼姦計也，遣此親札，諒深體悉。付岳飛」。

「覽卿奏八日之戰，虜以精騎衝堅，自謂奇計，卿遣背嵬遊奕迎破賊鋒，戕其酋領，實爲雋功，然大敵在近，卿以一軍，獨與決戰，忠義所奮，神明助之，再三嘉歎，不忘於懷，此已遣楊沂中全軍自宿泗前去，韓世忠亦出兵東向，卿料敵素無遺策，進退緩急之間，可隨機審處，仍與劉錡相約同之，屢已喩卿，不從中御，軍前凡有所須，一一奏來。七月二十二日付岳飛」。

27岳飛乘勝進軍朱仙鎭，奏乞乘機破滅兀朮收復京師，高宗賜札曰：

「覽卿奏，兀朮見聚兵對壘，卿欲乘時破滅渠魁，備見忠義之氣，通於神明，却敵興邦，唯卿是賴，已令張俊自淮西，韓世忠自京東，擇利並進，若虜勢窮蹙，便當乘機殄滅，如奸謀詭計，尙有包藏，諒卿亦能料敵，有以應之，楊珪自虜中逃歸，有所見事宜，今錄本付卿，亦欲一知也。遣此親札，想宜體悉。付岳飛。」

28岳飛勝敵朱仙鎭，指日渡河，秦檜私於金人，力主和議，勸高宗下詔班師，岳飛上奏累千百言，高宗賜札曰：

「得卿十八日奏，言措置班師機會，誠爲可惜，卿忠義許國，言詞激切，朕心不忘，卿且少駐近便得地利處，報楊沂中劉錡同共相度，如有機會可乘，約期並進，如且休止，以觀敵釁，亦須聲援相及，楊沂中已於今月二十五日起發，卿可照知。遣此親札，諒宜體悉。付岳飛」。

七月二十日一天奉十二金字牌，遂班師。繼奉高宗手札曰：

「此聞卿已趣裝入覲，甚慰朕虛佇欲見之意，但以卿昨在京西與虜接戰，遂遣諸軍掎角並進，今韓世忠在淮陽城下，楊沂中已往徐州，卿當且留京西，伺賊意向，爲牽制之勢，俟諸處同爲進止，大計無慮，然後相見未晚也。遣此親札，諒深體悉。付岳飛。」

29紹興十一年（一一四一）正月敵復入寇，高宗賜手札曰：

「據探報，虜人自壽春府遣兵渡淮，已在廬州界上，張俊劉錡等見合力措置掩殺，卿可星夜前來江州，乘機照應，出其前後，使賊腹背受敵，不能枝梧，投機之會，正在今日，以卿忠勇，志呑此賊，當卽就道。付此親札，卿宜體悉。付岳飛」（按壽春府卽今安徽壽縣）。

二月又賜札曰：

「昨得卿奏，欲合諸帥兵破敵，備見忠誼許國之意，嘉歎不已，今虜犯淮西，張俊楊沂中劉錡已併力與賊相拒，卿若乘此機會，亟提兵會合，必成大功，以朕所見，若卿兵自蘄黃繞出其後，腹背擊賊，似爲良策，卿更審度，兵貴神速，不可失機會也。再遣親札，想宜體悉。付岳飛。」

「得卿九日奏，已擇定十一日起發往蘄黃舒州界，聞卿見苦寒嗽，乃能勉爲朕行，國爾忘身，誰如卿者，覽奏再三嘉歎無斁，以卿素志殄虜，常苦諸軍難合，今兀朮與諸頭領盡在廬州，接連南侵，張俊楊沂中劉錡等共力攻破其營，退却百里之外，韓世忠已至濠上，出銳師要其歸路，劉光世悉其兵力，委李顯忠吳錫張琦等奪回老小孳畜，若得卿出自舒州，與韓世忠張俊等相應，可望如卿素志，惟貴神速，恐彼已爲遁計，一失機會，徒有後時之悔。江西漕臣至江西與王良存應副錢糧，已如所請委趙伯牛，以伯牛舊嘗守官湖外，與卿一軍相諳妥也。春深寒暄不常，卿宜愼疾，以濟國事。付此親札，卿須體悉。十九日二更付岳飛」。（按此札今亦存由國立故宮博物院珍藏附影照，見九十二頁）

三月兀朮復犯濠州（今安徽鳳陽），岳飛出師援濠，高宗猶未知，賜札出兵，札曰：

「兀朮再窺濠州，韓世忠張俊楊沂中劉錡皆已提軍到淮上，以卿忠智許國，聞之必卽日引道，切須徑赴廬州，審度事勢，以圖壽春，廬通水運，而諸路漕臣，皆萃於彼，卿軍至糧草不乏，又因以屏蔽江上，軍國兩濟，計無出此，已行下諸漕，爲卿一軍辦糧草，不管闕乏。付此親札，卿須體悉。十一日未時付岳飛」。

岳飛自舒州疾馳，十三日至定遠縣，兀朮先以八日破濠州，張俊以全軍駐于黃連鎭，去濠六十里不能救，楊沂中趨濠城，覆於虜，王德救之而免，兀朮方據濠，聞岳軍將至，復遁，夜踰淮不能軍，時朝廷方得岳飛發舒州之奏，乃賜御札嘉獎，且諭以適中機會之意。札曰：

「得卿奏，卿聞命卽往廬州，遵陸勤勞，轉餉艱阻，卿不復顧問，必遄其行，非一意許國，誰肯如此。據探報兀朮復窺濠州，韓世忠八日乘捷至城下，張俊楊沂中劉錡先兩日盡統所部前去會合，更得卿一軍同力，此賊不足平也，中興勳業，在此一舉，卿之此行，適中機會，覽奏再三，嘉歎不已。遣此獎諭，卿宜悉之。付岳飛」。

按淮西之役，卽秦檜万俟卨用以誣陷岳飛者，據大理寺獄案，謂敵侵淮西，岳飛被受親札十有五次，不卽策應，爲擁兵逗留，當斬。寃獄初起，秦檜先搜岳飛家，得御札數篋，束之左藏南庫以滅迹，故當時人士，均莫能明其眞相，每誤於御札之多，認爲飛確有觀望之事，卽愛飛者，亦多引將在外之說，爲之曲解。及後飛之三子霖請於孝宗還之，霖子珂以淮西十五御札，辦驗彙次，凡出師應援之先後皆可考，始知岳飛乃於奉詔後三日卽行，而沉寃遂白，文列月日，卽係根據岳珂所考定者編列。

此外有當附述者，尚有數事：

1岳飛以非有功名出身，使任樞府樞密副使，並命入朝排班在參知政事席次之上，亦優遇之特殊表現。（按范仲淹以進士出身，曾任與岳飛同職之樞密副使，范以「先天下之憂而憂，後天下之樂而樂」兩句名言流傳千古，岳以「文臣不愛錢，武臣不惜死」兩句名言永昭萬世。）

2因建康（南京）係經岳飛收復，高宗於紹興七年（一一三七）三月巡幸該地，特命岳飛扈蹕，且曾召至行宮寢閣，玉音宣諭曰：「中興之事，朕悉以委卿。」如此倚重信賴，殊不多見。

3當平楊么後，岳飛奉召入覲，高宗命同游內苑，岳飛應制賦詩，亦開當時將帥未有之先例。兩人情感表現，達於極度。按岳飛賦詩曰：「敕報游西內，春光靄上林，花圍千朶錦，柳撚萬株金，燕繞龍旂舞，鶯隨鳳輦吟，君王多雨露，化育一人心。」

4高宗熟知馬性，特別愛馬，能在室中祇憑所聞馬蹄聲音而知其馬是否善良，岳飛曾與高宗面論「馬」和用兵之要，兩人情感，於此亦可得見。據「行實編年」載：「紹興七年二月八日入覲，帝從容與談用兵之要，因問武穆曰：

「卿在軍中，得良馬否？」武穆曰：

「驥不稱其力，稱其德也。臣有二馬，故常奇之，日啗芻豆至數斗，飲泉一斛，然非精潔則寧餓死不受，介冑而馳，其初若不甚疾，比行百餘里，始振鬣長鳴，奮迅示駿，自午至酉，猶可二百里，褫鞍甲而不息不汗，若無事然，此其爲馬，受大而不苟敢，力裕而不求逞，致遠之材也。値復襄陽平楊么，不幸，相繼而死。今所乘者不然，日所受不過數升，而秣不擇粟，飲不擇泉，攬轡未安，踴躍疾驅，甫百里，力竭汗喘，殆欲斃然，此其爲馬，寡取易盈，好逞易窮，駑鈍之材也。」上稱善久之。

5岳飛積勞成疾，高宗派員賜藥並遣醫師療治，已見上錄手札。當其母姚太夫人病逝之時，高宗於賻贈常典之外，加賻銀一千兩，絹一千匹，並命鄂守協辦喪事，均足以見對岳飛情感之一斑。

綜觀上舉手札及事例，得見岳飛之事功與受高宗之倚重。而高宗何以於紹興十一年除夕「賜岳飛死于大理寺獄」？乃因權臣秦檜之通敵，高宗之思母（靖康之難，被金人俘執），金人必欲殺岳飛，求亡宋室，乃以殺岳飛方肯釋高宗之母歸爲條件，而使高宗忍痛「賜岳飛死」，迨後母與秦檜皆死，高宗自引內疚，於年方五十五歲（八十一歲卒）時，卽讓位於孝宗，孝宗就位之次月（紹興三十二年——一一六二）便下詔追復岳飛原官，以禮改葬，訪求其後，特予錄用，並在詔書有云：「太上皇帝（卽高宗）念之不忘，今可仰承聖意，與追復原官」，更足見高宗自覺愧對忠於其個人及國家民族之賜死者，乃自行引退，並復指示其繼承者予以追復原官，以禮改葬，用求稍安於心。但永遠無法消除歷史上「高宗忍自棄其中原，故忍殺飛」的論評。（其詳見第九、十兩章）

卿盛秋之際提兵按邊風
霜已寒征馭良苦如是
有警宜可密奏朝廷
淮西軍叛之後每加過慮
長江上流一帶緩急之際全
藉卿軍照管可更戒飭所
留軍馬訓練整齊常若寇
至蘄陽江州兩處水軍亦
宜遣發以防意外如卿體
國豈待多言
付岳飛

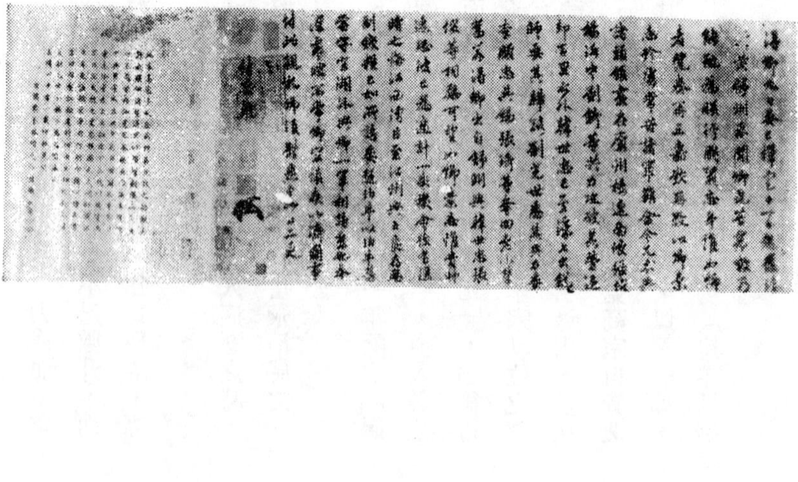

第九章　秦檜通敵　倡和誤國

金人自岳飛於建炎四年（一一三〇年）五月十日光復建康（今南京）之後，易軍事侵略爲和平攻勢。期中國人攻中國人，以華制華，此於大金國志卷七有云：「大金用兵，惟以和議佐攻戰，以僭逆誘叛黨。」故在同年九月九日立僞齊於北京（今河北大名）用作政治傀儡，同時派遣經過俘執洗腦訓練之秦檜南歸，以爲內奸。秦檜於十月二日偕妻王氏僕燕人高益恭同來（備爲與撻懶私相往返傳遞機密之人）至南宋楚州境（今江蘇淮安），十一月八日至越州（今紹興）高宗行在。其爲「金諜」在史書中有如下論述：尤以「金國南遷錄」及「大金國志」兩書，書出金方，益足採信。

1宋史紀事本末（馮琦原編張溥論正）有曰：「賊檜以建炎四年冬十月自金還，紹興元年春二月參知政事。既與呂頤浩交構罷任，榜罪朝堂……金主吳乞買以檜夫婦賜撻懶，見任用。粘罕寇淮上，檜爲草檄，蓋金諜也。檜固國賊，狃逆無論。」

2金國南遷錄有曰：「天會八年（宋建炎四年），諸臣慮宋君臣復讎，思有以止之。魯王（卽撻懶）曰：惟遣彼臣先歸，使其順我。忠烈王曰：惟張孝純可。忠獻王曰：此事在我心裏三年矣！只有一秦檜可用，我喜其人，置之軍前，試之以事，外雖拒而中常委曲順從……縱之歸國，彼必得志。」

3宋呂中大事記有曰：「檜之心與敵合。」

4三朝北盟會編卷一百四十二有云：「御史中丞秦檜，遭粘罕拘執北上，並其妻王氏同行，隨行有小奴、硯童、少婢興兒、御史衙司翁順。而已至金國，見金主文烈帝，以賜其弟撻懶為任用，任用者，執事也。金人許隨遷南官，遷徙之人各逐便，硯童、興兒、翁順皆不欲舍檜去，乃共約同生死，遂不相離。金人欲用撻懶提兵而南也，命檜偕行。檜密與其妻王氏爲計，而燕山府，留王氏而已獨行。王氏故爲喧爭，曰：『我家翁父使我嫁汝時，有貲財二十萬貫，欲使我與汝同甘苦，盡此平生？今大金國以汝爲任用，而乃棄我於途中耶！』喧爭不息，撻懶與檜之居比鄰，聲相聞，撻懶妻一車婆聞之，請王氏問其故，王氏具以告，一車婆曰：『不須慮也，大金國法，許以家屬同行，今皇帝爲監軍，亦帶家屬在軍中，秦任用何故留家屬在此，而不同行也』，白之撻懶，撻懶遂令王氏同行。由是硯童、興兒、翁順亦偕行。檜爲任用，又隨行作參謀軍事，又爲隨軍轉運使，在孫村浦寨中。楚城陷，孫村浦寨中，金人紛紛爭趨入楚州，檜常以艄工孫靜爲可與語，遂密約靜於淮岸乘紛紛不定，作催淮陽軍海州錢糧爲名，同妻王氏、興兒、硯童、翁順及親信高益恭等數人登小舟，令靜掛席而去。至漣水軍界，爲丁禩水寨邏者所得，將執縛而殺之，檜知水寨尙爲國家守，乃告之曰：『御史中丞秦檜也。』寨兵皆村民，不曉其說，且謂執到奸細淩辱之。檜曰：『此中有秀才否，當知我姓名。』或謂有賣酒王秀才，當令一看之，王秀才名安道字伯路，素不識檜。乃佯爲識檜，以紿其衆，且欲存檜也，遂一見而長揖之曰：『中丞安樂勞苦不易！』衆皆以爲王秀才旣識之，卽不可殺，遂以禮待之，硯童、興兒、翁順、高益恭等一行，皆得生全。」

5大金國志卷六有云：「天會八年（宋建炎四年）十一月歸秦檜於宋，用粘罕計也。檜之入北，從二帝之中京（今河北大興縣）。逮二帝東徙韓州（今遼北昌圖），檜依撻懶爲任用。撻懶南征，以檜爲參謀。以催錢糧爲名，挈家泛小舟抵漣水軍（今江蘇漣水縣）。自言殺北軍之監己，奪舟來歸。然全家同舟，婢僕亦如，故人皆知其非逃歸也。」又卷五有云：「天會六年八月，宋二帝自中京如韓州，韓州在中京東北千五百里，秦檜不與徙，依撻懶以居，撻懶亦厚待之。」

6大宋宣和遺事貞集有云：「貞元六年（宋紹興二十四年西元一一五四年）亮（指金主完顏亮）又遺書與秦檜，又得檜書言韓世忠諸將皆死（按世忠死於紹興二十一年），亮乃酣飲。」

7大宋宣和遺事貞集結語有云：「世之儒者，謂高宗失恢復中原之機會有二焉：建炎初年，失其機者，潛善、伯彥偷安於目前誤之也；紹興之後，失其機者，秦檜爲虜用間諜誤之也。失此二機，君父之大仇未報，國家之大恥不能雪。」

8張和仲「千百年眼」記秦檜爲金人作間一則云：「方虜之以七事邀我也，有毋易首相之說，正爲檜設。洪忠宣（洪皓）自虜回，戲謂檜曰：『撻懶郎君致意！』檜大恨之。厥後金人徙汴，其臣張師顏者，作南遷錄，戴孫大鼎疏，備言遣檜間我，以就和好。」按洪皓之子邁撰「先君行述」，亦有「先君與秦檜語及虜事曰：『憶室撚否？別時託寄聲。』秦色變。」之語。

此外札記書類，記敍秦檜通敵之事，不勝枚舉，如脚氣集云：「金諸大臣會於柳林，議遣秦檜歸國，言彼得志，我事可濟，至，計果得行，廢殺諸將，而南北之勢定，金亦德之。誓書有不輕易相語，檜亦發宇文虛中事以報之。」

玆分誌主和、誤國，並其他罪行如次：

一、主和經緯

根據上述史書論證，可知秦檜乃經史學家詳事查考，認爲係屬金人縱之南歸，使充間諜。其始終力主和議，亦乃出於金人驅使，圖亡宋室。蓋和議乃金人和平攻勢，此於大金國志卷七有云：「撻懶嘗言：『女眞人口，卽悉執弓弩，亦不能掩有中原』。」金人之用心，於此可知。玆併依作者研究所及之關係史料，申述其通敵主和之事略於後：（按所錄宋金使者往返函札多見李漢魂編「岳武穆年譜」附錄）

1建炎四年（一一三〇年）金人入侵，九月二十九日陷楚州（今江蘇淮安）。十一月二日秦檜自金將撻懶軍中歸。其時武穆於光復建康（今南京）後，任武功大夫、昌州防禦使、通泰鎮撫使兼知泰州。正勝金人於承州（今高郵）。

2是年十一月八日秦檜至越州（今紹興）行在。高宗命先見宰執范宗尹，檜首言：「欲天下無事，須南自南，北自北。」朝士多疑之。惟宰相范宗尹及同知樞密院李回與檜善，盡破羣疑，力薦其忠。檜入奏，高宗任充禮部尚書。

3紹興元年（一一三一）二月十四日以秦檜參知政事，是時武穆正與張俊合兵，在江淮即今之江西南昌以至湖北黃梅一帶追討巨寇李成。

4是年八月，高宗以秦檜爲尚書右僕射，同平章事兼知樞密院事。時范宗尹罷相，檜欲得其位，因揚言曰：『若用檜爲相，有二事可以聳動天下，一則與南北士大夫通致家問，一則糾率山東河北諸郡之人還之北方。』既相，擬詔草以進曰：「軍興以來，河北山東忠義之徒，自相結約立功。其後番兵深擾，逐頭項人，漸次渡江，各令所在，屯聚就糧。議者欲興兵討伐，朕惟黎元騷動，罪在朕躬。既未能率以還北，豈宜輕肆殺戮。應河北山東渡江無歸之人，並令所在招撫，開具鄉土所在，當議遣官糾率起發。其南方士大夫，因守官北地，隔絕未能還鄉，及北方士大夫因守官南方，以至避難渡江，想其念國保家之心，彼此俱同，雖有一時從權衞身之計，必皆出於不得已。度其深謀遠慮，亦豈在人下，應欲書問往來，並令朝廷差人發遣。如得回書，有司即時遣人分付本家。貴得情通，各無疑問。朕蒙祖宗休德，託於士民之上，初無處顯之心，亦無貪功之心。倘有生之類，因朕得以保家室，復井里，則朕亦將復侍父兄，省陵寢，上下雖異，此志則同。布告中外，諒此誠悃。」高宗雖納之，不曾降出。按所曰豈宜輕肆殺戮，實威之使畏也。所曰遣官糾率起發，實強之行也。後金使李永壽、王詡來議七事，第一事卽欲盡取北人，與檜之策正合。檜之私於金人，自此證明。

5紹興二年（一一三二年）九月一日，高宗罷秦檜相職，蓋檜入相一年，專主和議，沮止國家遠圖。高宗亦漸悟其奸，檜不安，自求去。先是起居郎王居正與檜善，檜與居正論天下事甚銳。旣相，所言皆不酬。居正疾其詭，言於高宗曰：「秦檜嘗語臣，中國之人，惟當着衣啖飯，共圖中興。臣時心服其言，又自謂爲相數月，必聳動天下。今爲相，設施止是，願陛下以臣所言，問檜所行。」及檜求去，呂頤浩諷侍御史黃龜年劾罷檜，遂任以觀文殿大學士提擧江州太平觀。黃龜年又奏秦檜徇私欺君，合正典刑，章凡三上，乃褫檜職，仍榜其罪於朝堂，昭示不復任用。初檜所陳二策，欲以河北人還金，中原人還劉豫，高宗曰：「檜言南人歸南，北人歸北，朕北人，將安歸？」檜語乃塞。至是乃召直學士院綦崇禮，語以是事及居正所言。崇禮卽以帝意載於制詞。略曰：「自檜得權而擧事，謂當聳動於四方。逮茲居位以陳謀，乃首建明二策。罔燭厥理，殊乖素期。念方委聽之專，更責寅恭之效。而乃憑恃其黨，排擯所憎。豈實汝心，殆爲衆誤，顧竊弄其威柄，慮或長於姦朋。」播告中外，人始知秦檜之奸。

時岳飛於平蕩江淮匪患後，奉詔移屯江州（今九江），特授中衞大夫鎭南軍承宣使，神武副軍統都統制。馳名之作「滿江紅詞」，卽成於是年。

6紹興三年十二月，韓肖胄以簽書樞密院事充大金軍前奉表通問使偕金使來臨安(今杭州)。自高宗卽位，屢遣使如金，多見拘留，而金未嘗遣一介報聘。至是粘罕使李永壽、王翊南來，請還劉豫之俘及西北士民之在南者，且欲畫江以益劉豫，與秦檜前議脗合。識者益知檜與金人共謀矣。殿中侍御史常同言：「先振國威，則和戰常在我；若一意議和，則和戰常在彼。靖康以來，分爲兩事，可以鑒戒。」語及武備，高宗曰：「今養兵已二十萬有奇，」同曰：「未聞二十萬兵而畏人者也。」高宗不聽，復遣樞密院承旨章誼爲金國通問使，請還兩宮及河南地以求和。次年武穆光復襄陽六郡，又次年平洞庭湖巨寇楊么，高宗之父徽宗崩於金，時爲紹興五年四月二十一日，卒年五十四歲。

7紹興六年（一一三六年）八月，高宗建行營於建康（今南京），以秦檜爲留守，參決尚書省樞密院事，從此秦檜復起。時趙鼎、張浚爲尚書左右僕射、並同中書門下事、兼知樞密院事、都督諸路軍馬。張浚奏：「東南形勢，實爲中興根本，且使人主居此，北望中原，常懷憤惕，不敢暇逸。而臨安僻在一隅，內則易生玩肆，外則不足以號召遠近，繫中原之心，請臨建康，撫三軍，以圖恢復。」高宗從之，遂建行營於建康，詔以秦檜爲留守，參決尚書省樞密院事。檜自被斥，會與金議和，又稍復其官，先後充知溫州、紹興府，又以張浚薦，授醴泉觀使兼侍讀，至是更復與張浚同在中樞矣。

趙鼎罷相，改知紹興府，岳飛先一年已特授檢校少保，充荆湖南北襄陽府路蘄黃制置使，進封武昌郡開國公。是年張浚往荆襄視師，請命武穆屯襄陽，以圖中原。

8紹興七年元月秦檜爲樞密使，武穆二月入覲，高宗從容與談用兵之要（按卽垂之史跡之「良馬對」）。王倫以徽猷閣待制，充奉使金國迎奉梓宮使，秦檜升任樞密使，仍以求和之故。九月，張浚罷相，復以趙鼎爲尙書右僕射，同中書門下平章事並樞密使。

9紹興八年（一一三八年）三月初六日，復以秦檜爲尙書右僕射，同平章事，兼樞密使。五月王倫偕金使來，七月一日秦檜復請遣王倫赴金定和議。

時金人有許和之議，高宗與宰相議之，趙鼎獨堅執不可講和之說。秦檜意欲講和，一日朝殿宰執奏事退，檜獨留身，奏講和之說，且曰：「臣以爲講和便，」高宗曰：「然。」檜曰：「講和之議，臣僚之說皆不同，各持兩端，畏首畏尾，此不足與斷大事。若陛下決欲講和，乞陛下英斷，獨與臣議其事，不許羣臣干與，則其事乃可成，不然無益也。」高宗曰：「朕獨與卿議。」檜曰：「臣亦恐未便，欲望陛下更精加思慮三日，然後別具奏稟！」高宗曰：「然」，又三日，檜復留身奏事如初。知上意欲和甚堅，猶以爲未也，乃曰：「臣恐別有未便，欲望陛下更思慮三日，容臣別有奏稟，」高宗曰：「然」，又三日，檜復留身奏事如初。知上意堅確不移，方出文字，乞決和議，不許羣臣干與，高宗欣納之。鼎議不協，遂罷宰相，出知紹興府。首途之日，檜奏乞備禮餞鼎之行，乃就津亭排列別筵，率執政俟于津亭，鼎相揖罷，卽登舟，檜曰：「已得旨餞送，相公何不少留？」鼎曰：「議論已不協，何留之有！」遂登舟，叱篙師離岸，檜亦叱從人收筵而歸，且顧鼎言曰：「檜是好意。」舟既開矣，自是檜有憾鼎之意。按趙鼎罷相乃十月二十一日。二十四日金以張通古、蕭哲爲江南詔諭使，與王倫同來。

初張浚嘗與趙鼎論人才，浚極稱檜善，鼎曰：「此人得志，吾輩無所措足矣！」及鼎再相，檜在樞密，一惟鼎言是從，鼎由是深信之。言檜可大任，而不知爲檜所賣也。檜既相，制下，朝士相賀，獨吏部侍郎晏敦復有憂色，曰：「姦人相矣」。

10張通古至泗州（今安徽境），要所過州郡迎以臣禮，知平江府向子諲不肯拜，且上書言和議之非。十一月十六日王倫入見，十九日詔曰：「金國遣使入境，欲朕屈己就和，命侍從臺諫詳思條奏。」於是直學士院曾開當草國書，辨視禮制非是，論之不聽，遂請罷，改兼侍講，秦檜以溫言慰之曰：「主上虛執政以待。」開曰：「儒者所爭在義，苟爲非義，高爵厚祿弗顧也。願聞所以事之禮！」檜曰：「若高麗之於本朝耳。」開曰：「主上以盛德登大位，公當強兵富國，尊主庇民。奈何自卑辱至此，非開所聞也。」復引古誼折之，檜大怒曰：「侍郎知故事，檜獨不知也！」開又詣都堂，問計果安出，檜曰：「聖意已定，又何言，公自取大名而去，如檜但欲濟國事耳，」開乃與從官張燾、晏敦復、魏矼、李彌遜、尹焞、梁汝嘉、樓炤、蘇符、薛徽言，御史方廷實、館職胡珵、朱松、張擴、凌景夏、常明、范如圭、馮時中、趙雍皆極言不可和，吏部員外郎許忻上疏曰：

「金人始入寇也，固嘗云講和矣，靖康之初，約蕭王至大河而返，已而挾之北行，河朔千里，焚掠無遺，及再舉深入，遂陷都城，懼我百萬之衆，必以死爭也，止我諸道勤王之師，則又曰講和矣，乃邀二聖出郊，追取宗族，係累大臣，然後僞立張邦昌而去，然則金人所謂講和者，果可信乎！此已然之禍，陛下所親見，今徒以王倫謬悠之說，遂誘致金人，責我以必不可行之禮，而陛下遂已屈己從之，夫彼以詔諭江南而來，是飛尺書而下本朝，豈講和之謂哉，我躬受之，眞爲臣妾矣，陛下方寢苫枕塊，豈忍下穹廬之拜乎。臣竊料陛下必不忍爲也，萬一奉其詔令，則將變置吾之大臣，分部吾之諸將，邀求無厭，靡有窮極，當此之時，陛下欲從之，則無以立國，不從之，則復責我以違令，其何以自處乎！況犬羊之羣，驚動我陵寢，戕毀我宗廟，刼質我二帝，據守我祖宗之地，塗炭我祖宗之民，而又徽宗皇帝顯肅皇后鑾輦不返，遂致萬國痛心，是謂不共戴天之仇！彼謂我之必復此仇也，未嘗頃刻而忘圖我，豈一王倫能平哉，陛下包羞忍恥，受其詔諭，而彼之許我者，不復如約，則徒受莫大之辱，貽萬世之譏，縱使如約，則是我今日所有土地，先拱手而奉夷狄矣，豈不痛哉！自金使入境以來，中外惶恐，陛下必以王倫之言爲不妄，金人之詔爲可從，臣恐不惟墮夷狄之奸計，而意外之虞，將有不可勝言者，此衆所共曉，陛下亦嘗慮及於此乎。國家今雖未能克復中原，而大江之南，亦足支吾，軍聲初振，國勢粗定。故金人因王倫之往，復遣使來，嘗試朝廷，其謀叵測。今虜使雖已就館，謂當別議區處之宜，更與二三大臣熟議其便，無遺後時之悔。」

11十一月二十九日，樞密院編修胡銓上書乞斬秦檜、孫近、王倫書曰：「臣謹按王倫，本一狎邪小人，市井無賴。頃緣宰臣無識，舉以使虜，專務詐誕，欺罔天聽，驟得美官，天下之人，切齒唾罵，今者無故誘致虜使，以詔諭江南爲名，是欲劉豫我也。劉豫臣事醜虜，南面稱王，自以爲子孫帝王萬世不拔之業。一旦豺狼改慮，捽而縛之，父子爲虜，商鑑不遠，而倫又欲陛下效之。夫天下者，祖宗之天下也。陛下所居之位，祖宗之位也。奈何以祖宗之天下，爲金虜之天下，以祖宗之位，爲金虜藩臣之位。陛下一屈膝，則祖宗廟社之靈，盡汙夷狄，祖宗數百年之赤子，盡爲左衽，朝廷宰執，盡爲陪臣，天下士大夫，皆當裂冠毀冕，變爲胡服，異時豺狼無厭之求，安知不加我以無禮如劉豫也哉，夫三尺童子，至無識也，指犬豕而使之拜，則怫然怒，今醜虜則犬豕也，堂堂大國，相率而拜犬豕，曾童孺之所羞，而陛下忍爲之耶！倫之議乃曰，我一屈膝，則梓宮可還，太后可復，淵聖可歸，中原可復。嗚呼！自變故以來，主和議者，誰不以此說啗陛下哉。然而卒無一驗，則虜之情僞，已可知矣。而陛下尚不覺悟，竭民膏血而不恤，忘國大仇而不報，含垢忍恥，舉天下而臣之甘心焉。就令虜決可知，盡如倫議，天下後世謂陛下何如主？況醜虜變詐百出，而倫又以姦邪濟之。梓宮決不可還，太后決不可復，淵聖決不可歸，中原決不可得，而此膝一屈，不可復伸，國勢陵夷，不可復振，可謂痛哭流涕長太息矣！向者陛下間關海道，危如累卵。當時尚不忍北面臣虜，況今國勢稍張，諸將盡銳，士卒思奮，只如頃者醜虜陸梁，僞豫入寇，固嘗敗之於襄陽，敗之於淮上，敗之於渦口，敗之於淮陰。較之往時蹈海之危，固已萬萬，倘不得已而至於用兵，則我豈遽出虜人下哉。今無故而反臣之，欲屈萬乘之尊，下穹廬之拜，三軍之士，不戰而氣已索，此魯仲連所以義不帝秦，非惜夫帝秦之虛名，惜天下大勢有所不可也。今內而百官，外而軍民，萬口一談，皆欲食倫之肉。謗議洶洶，陛下不聞。正恐一旦變作，禍且不測。臣竊謂不斬王倫，國之存亡未可知也。雖然，倫不足道也，秦檜以腹心大臣，而亦爲之。陛下有堯舜之資，檜不能致君如唐虞，而欲導陛下爲石晉。近者禮部侍郎曾開等引古誼以折之，檜乃厲聲責曰，侍郎知故事，我獨不知。則檜之遂非愎諫，已自可見，而乃建白令臺諫侍臣僉議可否，是蓋畏天下議己，而令臺諫侍臣共分謗耳。有識之士，皆以爲朝廷無人，吁！可惜哉！孔子曰：『微管仲吾其被髮左衽矣！』夫管仲伯者之佐耳，尙能變左衽之區，而爲衣冠之會。秦檜大國之相也，反驅衣冠之俗，而爲左衽之鄉，則檜也不唯陛下之罪人，實管仲之罪人矣！孫近傅會檜議，遂得參知政事。天下望治，有如饑渴，而近伴食中書，漫不敢可否事。檜曰虜可和，近亦曰可和，檜曰天子當拜，近亦曰當拜，臣嘗至政事堂，三發問而近不答，但曰已令臺諫侍從議矣。參贊大政，徒取充位如此，有如虜騎長驅，尙能折衝禦侮也！臣竊謂秦檜孫近，亦可斬也。臣備員樞屬，義不與檜等共戴天，區區之心，願斷三人頭，竿之藁街。然後羈留虜使，責以無禮，徐興問罪之師，則三軍之師，不戰而氣自倍。不然，臣有赴東海而死耳，寧能處小朝廷求活耶！」

書既上，檜以銓狂妄凶悖，鼓衆刼持。詔除名，編管昭州，仍降詔，播告中外。給舍臺諫及朝臣多救之者，檜迫於公論，乃以銓監廣州鹽倉。明年，改簽書威武軍判官，紹興十二年，諫官羅汝楫，劾銓飾非橫議，詔除名，編管新州。銓之初上書也，宜興進士吳師古鋟木傳之，金人募其書千金。其謫廣州時，朝士陳剛中以啓事爲賀。其謫新州時，同郡王廷珪以詩贈行，皆爲人所訐。師古流袁州，廷珪流辰州，剛中謫知虔州安遠縣，遂死焉。晏敦復謂人曰：「頃言檜奸，諸君不以爲然，今方專國便敢爾，他日何所不至也。」

12 十二月二十四日，金使至行在，二十八日秦檜代受國書。張通古至行在，要與人主抗禮，又要高宗北面拜其詔，朝廷議未定，或請列宗祖御容，而置金人詔於其中拜之，紛紛不定者累日，時檜以未見國書，疑乃封册，白於高宗，高宗曰：「朕嗣守祖宗基業，豈受金人封册！」楊沂中、解潛、韓世良見檜曰：「朝議藉藉，軍民洶洶，若之何？」退又白之臺諫，中丞勾龍如淵謂檜曰：「但取金書，納之禁中，則禮不行而事定。」給事中樓炤亦舉諒陰三年事以告檜，遂以檜攝冢宰，詣館受書。而王倫亦以計說張通古，通古從之。檜至館，見通古，受其書。通古欲百官備禮，檜使省吏朝服導從，以書納於禁中。通古入見，言先歸河南陝西地，徐議餘事。初檜主和議，命韓世忠移屯鎭江，世忠言金人詭詐，恐以計緩我師，乞留此軍，遮蔽江淮。因力論和議之非。願效死節，率先迎敵。若不勝，從之未晚，章疏數上，皆慷慨激切。且請單騎詣闕面諫，高宗不許。及張通古來，以詔諭爲名，世忠四上疏，言不可從：「願舉兵決戰，兵勢最重處，臣請當之。」且言「金人欲以劉豫相待，舉國士大夫盡爲陪臣，恐人心離散，士氣凋殂。」及通古還，世忠伏兵洪澤鎮，將邀殺之，以壞和議，不克而罷。

13紹興九年（一一三九年）元旦，詔以和議布告天下。且以和議成立，定都臨安（今杭州）。初五日以金人來和，大赦，赦告至鄂，武穆上謝表曰：「臣岳飛上表言：今月十二日，准進奏院遞到赦書一通，臣已即恭率統制統領將佐官廳等望闕宣讀訖。觀時制變，仰聖哲之宏規；善勝不爭，實帝王之妙算。念此艱難之久，姑從和好之宜，睿澤誕敷，輿情胥悅。臣飛誠懽誠忭，頓首頓首。竊以婁敬獻言放漢帝，魏絳發策於晉公，皆盟墨未乾，顧口血猶在，俄驅南牧之馬，旋興北伐之師。蓋夷虜不情，而犬羊無信，莫守金石之約，難充谿壑之求，圖暫安而解倒垂，猶之可也，顧長慮而尊中國，豈其然乎？恭維皇帝陛下，大德有容，神武兼備。體乾之健，行巽之權。務和衆以安民，廼講信而修睦。已漸還於境土，想喜見於威儀。臣幸遇明時，獲觀盛事。身居將閫，功無補於涓涘；口誦詔書，面有愧於軍旅。尙作聰明而過慮，徒懷猶豫而致疑，謂無事而請和者謀，恐卑辭而益幣者進。臣願定謀於全勝，期收地於兩河，唾手燕雲，終欲復讎而報國，誓心天地，當令稽顙以稱藩，臣無任瞻天望聖，激切屏營之至！謹奉表稱賀以聞，臣誠懽誠忭，頓首頓首。謹言。」

14三月十六日，王倫以東京留守至汴見金兀，交割地界，得東、西、南三京，壽春府、宿、亳、曹、單州及陝西、京西諸州之地，兀朮遂自祁州渡河而去，移行臺於大名府（宋北京）。九月十一日兀朮誅其魯王都元帥撻懶。繼之，復以歸宋河南、陝西地爲非計，於次年五月分道入寇，王倫原與交割地界，再陷於金。以往歷年和議，至是成爲畫餅。

15紹興十年（一一四〇年）高宗以金人叛盟，命岳飛進兵中原，六月初一日特加少保兼河南府路陝西河東河北路招討使，仍依前武勝定國軍節度使、充湖北京西路宣撫使、兼河南北諸路招討使、兼營田大使。七月大勝金帥兀朮於郾城及朱仙鎭，先已光復西京、汝、鄭、潁昌、陳、蔡諸郡，因之軍聲大振，中外響應，金將韓常密欲歸降。進軍之時，遣梁興渡河，會合忠義社，前後呼應，自燕以南，金人號令不行，京師卽日可復。武穆方畫受降之策，秦檜聞武穆將成功，大懼。力請於高宗，下詔班師，武穆在一天之中，奉到十二金書字牌，遵命於七月二十日班師，十年之力，廢於一旦。

16紹興十一年（一一四一年）元月，金兵入寇，二月十八日楊沂中、劉錡大敗金兀朮於柘皐，遂復廬州（今安徽合肥）。四月二十四日高宗罷諸將兵權，岳飛調任樞密副使。秦檜嗾使監察御史万俟卨於七月十六日誣劾，請罷樞副使職，岳飛自知爲秦檜所不容，數度上章，力請解職，八月初九日調充萬壽觀使。

17九月金人縱宋使莫將、韓恕二人持書南歸，先是工部侍郎莫將知閤門事韓恕奉使至涿州（今河北涿縣），爲金人所執，至是兀朮將與宋議和，一面率師渡淮，進犯泗楚，以爲虛聲，一面縱將、恕歸，並持其來書曰：

「皇統元年（宋紹興十一年）九月日，皇叔尙書左丞相兼侍中都元帥領行臺尙書都省事，去歲使至，遠沐書翰，良諗勤意，爾後衮衮，頗疏嗣音，卽日動靜之間，茂惟神介休祉，爰念日者，國家推不世之恩，興滅繼絕，全界濁河之外，使峕綏治，本朝偃息民兵，永圖康乂，豈謂得封之始，已露狂謀。情不由衷，務惟惑亂，其如詳悉條目，朝廷已嘗諄諭藍公佐輩。厥後莫將之來，輒申慢詞，背我大施。尋奉聖訓，盡復賜書，謂宜存督，卽有悛心。乃最不量己力，復逞蜂蠆之毒，搖蕩邊郡，肆意橋樑，致稽來使，久之未發。而比來愈聞忘作，罔革前非。至於分遣不逞之徒，冒越河海，陰遣寇賊，剽攘城邑。考之載籍，蓋未有執迷怙亂至於此者。今玆薦將天威，問罪江表。已會諸道大軍，水陸並進。師行之期，近在朝夕。義當先事以告，因遣莫將等回，惟閣下熟慮而善圖之，餘冀以時善衞生理。峕奉書披達不宣。」

因遣拱衞大夫利州觀察使劉光遠左武大夫吉州刺史曹勛往聘，報以書曰：

「某啓，季秋霜冷，伏惟太保左丞相侍中都元帥領省國公台候起居萬福。軍國重仕，仰勞經畫。莫將等回，特承惠書。祇荷記存，不勝感激！某昨蒙上國皇帝，推不世之恩，日夜自思，不知所以圖報，故遣使奉表，以修事大之禮，至於奏稟干請，乃是盡誠，不敢有隱，從與未從，謹以聽命，不意上國遽起大兵，直渡濁河，遠踰淮浦，下國恐懼，莫知所措，夫貪生畏死，乃人之常情，將士臨危，致失常度，雖加誅戮，有不能禁也，今聞興問罪之師，先事以告。仰見愛念之厚，未忍棄絕。下國居臣，旣畏且感。峕遣光州觀察使武功縣開國子食邑五百戶劉光遠，成州團練使武ㄉ縣開國子曹勛往布情悃，望太保左丞相侍中都元帥領省國公特爲敷奏。曲加寬宥，許遣使人，請命門下。生靈不幸，下國之願，非所敢忘也！惟祈留神加察，幸甚，向寒，竊冀保重，有少禮物，具於別封，伏乞容留不宣。」

18十月十三日秦檜矯詔下岳飛及其子雲於大理寺獄。

十月初械張憲至行在，下之棘寺，檜奏乞召岳飛父子證張憲事，高宗曰：「刑所以止亂，若妄有追證，動搖人心。」不許，檜不復請，十三日，矯召岳飛入，岳雲亦逮至。前一夕，有以檜謀語岳飛，使自辨。岳飛曰：「使天有目，必不使忠臣陷不義。萬一不幸，亦何所逃！」明日使者至，笑曰：「皇天后土，可表飛心耳！」初命何鑄典獄，鑄明其無辜。改命万俟卨，卨不知所問，第譁岳飛父子與憲有異謀。又誣飛使于鵬孫革致書于憲、貴，令之虛中探報以動朝廷，岳雲以書與憲、貴，令之擘畫措置，而其書皆無之，乃妄稱憲、貴已焚其書，無可證者。

19再遣尙書禮部侍郎魏良臣知閤門事王公亮使金。

時兀朮遣劉光遠等還，言當遣尊官右職名望夙著者持節而來，且有書曰：「皇統元年十月十日具位，今月四日劉光遠等來。得書，審承動靜之詳，爲慰！所請有可疑者，試爲閣下言之，自割賜河南之後，背惠食言，自作兵端，前後非一。遂至今日，鳴鐘伐鼓，問罪江淮之上，故先遣莫將回，具以此告。而殊不見答，反有遽起大兵，直渡濁河之說，不知何故？雖行人面列之語，深切勤至。惟白閫外之命，聽其書詞脫落，甚不類！如果能知前日之非而自訟，則當遣尊官右職，名望夙著者，持節而來。及所賫緘牘，敷陳畫一，庶幾其可及也，惟閣下圖之，薄寒，竊冀對時保重，專奏書披答不宣。」

秦檜乃奏遣魏良臣王公亮爲稟議使以往，致書但求息兵，徐議餘事。原書曰：「某啓，孟多漸寒，伏維太保丞相侍中都元帥領省國公鈞候起居萬福！軍國任重，悉勤籌畫，劉光遠曹勛等回，特承惠示書翰，不勝欣感！竊自念昨蒙上國皇帝割賜河南之地，德厚恩深，莫可倫擬。而愚識淺慮，處事乖錯，自貽罪戾，雖悔何及！今者太保左丞相侍中都元帥領省國公奉命征討，敝邑恐懼，不知所圖。乃蒙仁慈，先遣莫將韓恕明以見告。今又按甲頓兵，發回劉光遠曹勛，惠書之外，將以幣帛，仰諗寬貸，未忍棄絕之意，益深慚荷！今再遣左正議大夫尚書吏部侍郎文安郡開國侯食邑一千戶魏良臣、保信軍承宣使知閤門事兼客省四方館事武功縣開國伯食邑七百戶王公亮充稟議使副，伏蒙訓諭，令敷陳畫一。竊惟上令下從，乃命之常。豈敢輒有指述，重蹈僭越之罪！專令良臣等聽取鈞誨，顧力可遵稟者，敢不罄竭以答再造。仰祈鈞慈，特賜敷奏。乞先歛士兵，許敝邑遣使拜表闕下，恭聽聖訓。向寒，伏冀倍保鈞重，有少禮物，具於別封，竊冀容納不宣。」

20二十八日，樞密使韓世忠罷爲橫海武寧安化軍節度使充醴泉觀使奉朝請。世宗既不以和議爲然，由是爲秦檜所抑。至於魏良臣等復行，世忠乃諫：以爲中原士民，迫不得已，淪於域外。其間豪傑，莫不延頸以俟吊伐。若自此與和，日月侵尋，人情銷弱，國勢委靡，誰復振乎。又乞俟北使之來，與之面議，未蒙允許。世忠再上章，力陳秦檜誤國，詞意剴切，檜由是深恐世忠言奏，因奏其罪，上留章不出。世宗亦懼檜陰謀，乃力求閒退，遂有是命。世宗自此杜門謝客，絕口不言兵，時跨驢携酒，從一二童僕游西湖以自樂，平時將佐，罕得一見其面。

21十一月初七日，金兀朮以蕭毅、邢具瞻爲審議使，與魏良臣偕來。兀朮既陷楚泗，引兵深入。東過臨淮，南至六合，西臨昭信，晝夜不絕，至是軍食不繼。又聞宋師將涉江而北，兀朮大懼，急欲求和，乃遣毅等與魏良臣偕來，並持書有曰：「皇統元年十一月七日，皇叔太保尙書左丞相兼侍中都元帥領行臺尙書省魏國公致書，時寒，想惟安善，近魏良臣至，伏辱惠書，語意懇懃，自訟前失。今則惟命是聽，良見高懷。昨離闕時，親奉聖訓，許惟便宜從事，故可與閣下成就此計也。本擬上自襄江，下至於海以爲界。重念江南凋敝日久，如不得淮南相爲表裏之資，恐不能國。兼來使再三叩頭，哀求甚切，於情可憐。遂以淮水爲界。西有唐鄧二州，以地勢觀之，亦是淮北，不在所割之數。來使云：歲貢銀絹二十五萬兩匹，旣能盡以小事大之禮，貨利又何足道，上以所乞爲定。」又云：「淮北京西陝西河東河北自來流亡在南者，願歸則聽之，理雖未安，亦從所乞。外有燕以北逋逃及因兵火隔絕之人，並請早爲起發。今遣昭武大將軍行臺尙書戶部兼工部侍郎兼左司郎中上輕車都尉蘭陵縣開國伯食邑七百戶蕭毅中憲大夫充翰林待制同知制誥兼右諫議大夫河間縣開國子食邑五百戶邢具瞻等，奉使江南，審定可否。其間有不盡言者，一一口授，惟閣之詳之。卽盟之後，卽當聞於朝廷，其如封建大賜，又何疑焉。有少禮物，具於別幅。隆冬，竊冀順天愼衞眠食，專持書奉答不宣。」

22大金國志卷十一有云：「皇統元年，洪皓（金執宋臣）在燕山，遣人密奏宋朝，言金國已厭兵，勢不能久，朝廷不知虛實，卑詞厚幣，未有成約，不如乘勢進擊，再造猶反掌耳。」洪皓這則密奏，仍然沒有影響秦檜主和與必殺岳飛。且其時秦檜監修國史，這則史料，未被錄入。

23十三日，大宗正事齊安郡王趙士㒟因援岳飛，謫任提舉西京嵩山崇福宮。士㒟數言事，秦檜忌之，岳飛下獄，士㒟草疏欲救之。語泄，檜乃使言者論「頃岳飛進兵於陳蔡之間乃密通書於士㒟，敍其悃愊，蹤跡詭秘。范同頃爲浙東憲，與士㒟通家往還，或以他故，數日不克見，則必遣其屬邵大受往傳導言語，窺伺國事。士㒟身爲近屬，在外則交結將帥，在內則交結執政，事有切於聖躬，望罷其宗司職事，庶幾助成中興之業。」故有是命。

24二十一日，和議成，以僉書樞密院事何鑄、容州觀察使曹勛充大金報謝使，奉誓表以往，表略曰：

「臣構言：今來畫疆，以淮水中流爲界，西有唐鄧州，割屬上國。自鄧州西四十里，併南四十里爲界，屬鄧。四十里外併西南，盡屬光化軍，爲敝邑邊州城，既蒙恩造，許備藩方。世世子孫，謹守臣節，每年皇帝生辰並正旦，遣使稱賀不絕，歲貢銀絹二十五萬兩匹，自壬戌年爲首，每春季搬送至泗州交納。有渝此盟，明神是殛，墜命亡氏，踣其國家。臣今既進誓表，伏望上國早降誓詔，庶使敝邑永爲憑焉。」

25和議既成，金使蕭毅見宋高宗辭行。高宗特別與之曰：「若今歲太后果還，自當謹守誓約。如今歲未也，則誓文爲虛設。」可見高宗之允和議，惟一條件，在求獲釋其母歸。事實上金人釋歸其母，在其割地納貢，又「賜岳飛死」之後。

26十二月十一日，割唐鄧商秦之地以界金。何鑄至汴見兀朮，遂如會寧見金主，且趣割地。尋復遣使來求商州及和尚方山二原，遂命周聿、鄭剛中等分畫京西唐鄧二州，陝西秦商之半以畀金。止存上津豐陽天水三縣及隴西成紀餘地，秦和尚方山二原，以大散關爲界。於是宋僅有兩浙、兩淮、江東西、湖南北、西蜀、福建、廣東西十五路，而京西南路止有襄陽一府，陝西路止有階成和鳳四州，凡有府州軍監一百八十五，縣七百三。金既畫界，建五京，置十四總管府，凡十九路，其間散府九，節鎭三十六，守禦郡二十二，刺史郡七十三，軍十有六，縣六百三十二。

27二十九日除夕，岳飛及子雲，張憲均死焉。宋史列傳有曰：「兀朮遺檜書曰：『汝朝夕以和請，而岳飛方爲河北圖，必殺飛始可和』，檜亦以飛不死，終梗和議，己必及禍，故力謀殺之。」又有曰：「時洪皓在金國中，蠟書馳奏，以爲金人所畏服者惟飛，至以父呼之，諸酋聞其死，酌酒相賀。」宋史列傳論曰：「西漢而下，若韓彭絳灌之爲將，代不乏人。求其文武全器，仁智竝施，如宋岳飛者一代豈多見哉。史稱關雲長通春秋，然未嘗見其文章。飛北伐，軍至汴梁之朱仙鎭，有詔班師，飛自爲表答詔。忠義之言，流出肺腑，眞有諸葛孔明之風，而卒死於秦檜之手！蓋飛與檜勢不兩立，使飛得志，則金讎可復，宋恥可雪；檜得志，則飛有死而已。昔劉宋殺檜道濟，道濟下獄瞋目曰：『自壞汝萬里長城！』，高宗忍自棄其中原，故忍殺飛。」

28 岳飛死後半年，高宗之母皇太后韋氏，於紹興十二年六月己卯日爲金人釋歸，八月壬午日抵臨安（今杭州）。

「必殺飛始可和」，和在南宋，祇得了高宗母歸，高宗忍痛「賜岳飛死」，也只爲求釋母歸。

根據以上二十八項史實，可知宋史所云：「檜兩據相位……刼制君父，包藏禍心，倡和誤國」及「使飛得志，則金讎可復，宋恥可雪。檜得志則飛有死而已」之所由據。而岳飛在和議將成之時入獄，和議成立後之第四十天賜死。讀之上述二十八事，則於秦檜何以必殺岳飛，不言自明矣。

二、必殺岳飛與排除凡爲寃獄有鳴不平之人士

秦檜之爲「金諜」有如上述，金人之求必殺岳飛，除如上節所述外，在大金國志卷十一更有以下紀述：

「皇統元年（按卽紹興十一年——西元一一四一）十二月兀朮以書抵秦檜曰：『爾朝夕以和請，而岳飛方爲河北圖，必殺岳飛，而後可和』。」

岳飛被殺，顯見出金人和議之必要條件，當下於臨安大理寺獄時，初命御史中丞何鑄以中執法與大理卿周三畏同爲審判人，主審其案。因無罪證，何、周均以爲寃。秦檜必欲殺岳飛，乃改派主審人，而以原受秦檜嗾使誣劾岳飛之万俟卨爲御史中丞接替何鑄；並派大理卿周三畏、大理

丞李若樸、何彥猷會同審訊。同時復指使張俊以樞密行府名義在鎮江製造僞證。定案之時，據趙甡之遺史紀述其情如下：

「初獄成，丞李若樸、何彥猷謂飛罪當徒二年，白於卿周三畏，三畏遂白於中丞万俟卨，卨不應，三畏曰：『當依法，三畏豈惜大理卿耶！』有王輔者，投書於秦檜，具言飛反狀已明，檜以書付獄，卨卒致飛於死。」

按王輔原任彭山縣令，因貪贓落職，利用秦檜積極計劃佈置誣陷武穆機會，陰合秦檜私意，命其子忠武上書，言武穆之非，秦檜大喜，由是王輔脫罪，升知普州，此見建炎繫年要錄「紹興十二年春正月戊申日」條。

又在建炎以來繫年要錄「紹興十一年十二月癸巳日」條對於岳飛寃獄定案情形亦有如下紀述：

「飛旣屬吏。何鑄以中執法與大理卿周三畏同鞫之……万俟卨入臺月餘，獄遂上。及聚斷，大理寺丞李若樸、何彥猷言飛不應死……詔飛賜死。命領殿前都指揮使職事楊沂中蒞其刑。誅憲（閬州觀察使御前前軍統制權副都統張憲）雲（岳飛長子忠州防禦使提舉醴泉觀岳雲）於都市。參議官直秘閣于鵬除名，送萬安軍。右朝散郎孫革送尋州並編管。仍籍其貲，流家屬於嶺南，天下寃之，飛死年三十九。初獄之成也，太傅醴泉觀使韓世忠不能平，以問秦檜。檜曰：『飛子雲與張憲書雖不明，其事體莫須有。』世宗怫然曰：『莫須有三字，何以服天下乎？』」

秦檜於寃獄成後，對不能陰合其私意，認定岳飛爲寃之承審法官何鑄、周三畏、李若樸、何彥猷等，及凡爲大理寺案表示不平申張正義人士，均極感不滿。乃以其險惡成性之伎倆，分別施以陷害摒除，逐漸革職入罪。根據史書記載，有如下述：

1何鑄於岳飛死後之次年十月，責往徽州居住。此見宋史卷之三十，原載曰：「冬十月，庚辰，以何鑄黨援岳飛，不主和議，責授秘書少監，徽州居住。」

2周三畏、李若樸、何彥猷分別入罪，此見建炎以來繫年要錄卷之一百四十二，原文曰：「何鑄紹興十二年十月丙寅，周三畏二十年三月庚子，李若樸、何彥猷十二年正月戊寅，皆得罪。」

3徽猷閣待制提舉江州太平觀劉洪道，於武穆被誣陷時，聞之失色，頓足抵掌，以爲不平，致受責於柳州安置，終身不復起用，此見建炎以來繫年要錄「紹興十一年十二月丁卯日」條。

4左承事郎張戒，坐黨岳飛、趙鼎之罪，於紹興十二年十一月停官。此見宋史卷之三十紀述。

5有進士名智浹者，汾州人，知書，通左氏春秋，好直言，岳武穆以賓客待之，當武穆入獄之時，智浹上書訟其寃，秦檜怒，並送大理。獄成，智浹坐以決杖，送袁州編管，官吏以浹取怒時相，監繫甚嚴，浹不堪死。此見建炎以來繫年要錄「紹興十二年春正月戊申日」條，亦卽岳武穆死後不數日。

觀之上述，可知岳飛之被誣陷，不特當時朝野上下人人知其寃，卽承秦檜高宗之命，審判該案的法官，亦莫不明其寃，無如奸人誤國，以強權壓制司法，永垂千年萬世寃獄之[illegible]役，故「建炎以來繫年要錄」紀錄有曰「天下寃之！」宋史之論岳飛亦特曰：「嗚呼！寃哉！嗚呼！寃哉！」武穆寃歿後，秦檜玩法弄權，朝野人士莫敢言其非。有李伩字好德者，撰著「皇朝事實」，按即宋朝事實（商務印書館列爲國學基本叢書，民國二十四年四月初版），書成，曾函秦檜，婉言勸之有曰「願莫忘在莒，居寵思危」，可謂語重心長。秦檜閱之大怒，寢其書不報，永樂大典載有「江陽譜」，紀述李伩事略及其函秦檜原文，玆錄誌於下：

「李伩，字好德，政和初，編輯山西圖經，九域志等書，瀘帥孫羲叟招，（原註：下有闕文）書上，轉一官。張公浚入朝，約與俱，以家事辭。手編皇朝事實，起建隆乞宣和，凡六十卷。其三十卷，先聞于時。有旨，制司上太常少卿何麒言，請命以宮觀居家，終其書。後以餘三十卷上之。緘封副本，並贅啓秦相檜。啓云：「方今雖爲中興，其實創業，作業成于果斷，亦貴聽言，思始議之艱危尙軫鈞懷之惴慄……更願無忘在莒，居寵思危。」秦怒，寢其書不報，今藏於家。」

三、兎死狗烹續逐張俊

秦檜初因張俊附其和議，原許以盡罷諸將，獨以兵權屬之。故張俊樂受秦檜嗾使，誣陷岳飛。岳飛寃歿後，張俊不知鳥盡弓藏，仍無退意。秦檜以其已無利用價值，不到一年，險惡故技復施于張俊，將之逐出，其情形有如下述：

1韋太后南歸後，徽宗及鄭、邢二后之梓宮亦南還，依舊制當以宰相爲山陵使。秦檜因欲逐張俊，請以已故孟太后之弟忠厚爲樞密院，充山陵使，張俊之樞密使乃被逐免。先是因張俊毫無去意，秦檜已嗾使其犬牙殿中侍御史江邈論其罪。奏謂「俊據淸河坊以應讖兆；占承天寺以爲宅基；大男楊存中握兵權於行在；小男田師中擁兵於上流。他日變生，禍不可測（按楊、田均畏張俊權勢稱之以父）。

2宋史張俊傳（列傳卷一二八）紀其被逐有曰：「十二年（按爲紹興十二年）十一月以殿中侍御史江邈論之，罷爲鎭兆寧武奉寧軍節度使，充醴泉觀使。初檜以俊助和議德之，故盡罷諸將，以兵權付俊，歲餘，俊無去意，故檜使邈攻之。」

按張俊乃弓箭手出身，宋陝西鳳翔府成紀（今甘肅秦安縣）人，紹興二十四年（一一五四年）七月病死，建炎以來繫年要錄卷一六七紹興二十四年七月癸丑記曰：「是日，醴泉觀使淸河郡王張俊薨於行在，年六十九。翌日，輔臣進呈，上曰：『張俊遽亡，曩者張通古、俊極宣力，與韓世忠等不同，恩數宜從優厚。』遂詔賜貂冠朝服以殮。」又曰：「俊晚年主和議，與秦檜意合，上厚眷之。其麾下將佐楊存中、田師中、王德、趙密、劉寶皆建節鉞，或至公師。幕府諸僚，爲侍從帥守者甚衆。」

張俊死後，高宗嘗幸其第臨奠，葬於無錫。議卹典時，禮部乞依韓世忠例，高宗曰：「武臣中無如俊者，比韓世忠相去萬萬，可封爲循王。」

宋史張俊傳有云：「岳飛寃獄，韓世忠救之，俊獨助檜成其事，心術之殊也遠哉！帝於諸將中，眷俊特厚，然譬敕之者不絕口，自淮西入見，則教其讀郭子儀傳。召至禁中，戒以毋與民爭利，毋興土木。歛以一品服，帝臨奠哭之慟，追封循王。」考高宗「眷俊特厚」，純出於私。因張俊曾在高宗未卽皇帝位前，曾懇切勸進，此於宋史卷三六九有曰：「汴京破，人心皇皇，俊懇辭勸進」。又有曰：「高宗始卽位，初置御營司，以俊爲御營司統制。」至高宗臨奠所以「哭之慟」者，乃因有感受制於秦檜，旣賜岳飛死，又不能留張俊續任樞密使。迺張俊死，因「畏檜」而悲傷痛哭也！

四、其他廿大罪行及臨死時惡作安排

秦檜一生罪行，眞是書不勝書，除最險惡的謀殺岳飛以外，僅就李心傳撰「建炎以來繫年要錄」一書中的卷一六一及一百六十九兩編裏面摘錄其尤者區分爲二十大項列舉於後：以見其罪大惡極之梗概：（按所列悉引原文祇加數目次序用存其眞）

㈠「與鼎（按指趙鼎）並居宰席，卒傾鼎去之。」

㈡「金人渝盟，軍民皆歸咎於檜，檜傲然不肯退，又使王次翁留之」。

㈢「韓世忠、張俊、岳飛方擅兵，檜與俊密約議和，而以兵權歸俊。飛旣歸，世忠亦罷，俊居位不去，檜乃使江邈論罷之，由是中外大權，盡歸於檜，非檜親黨及昏庸諛佞者，則不得仕官，忠正之士，多避山林間。」

(四)「紹興十二年科舉，諭考試官以其子熺爲狀元，二十四年科舉，又令考試官以其孫塤爲狀元。」（按秦檜父名敏學，曾任江西廣信府玉山縣令）

(五)「上覺慧星見，檜不乞退，頻使臣僚及州縣奏祥瑞，以爲檜秉政所致，上見江左小安，以爲檜力，任之不疑。」

(六)「檜陰結內侍及醫師王繼先闚微旨，動靜必具知之，日進珍寶珠玉書畫，奇玩羨餘，帝寵眷無比，命中使陳腆，繼瑾賜珍玩酒食無虛日。」

(七)「兩居相位，凡十九年，薦執政，必選世無名譽柔佞易制者，不使預事，備員書姓名而已。其任將帥，必選奴才。」

(八)「初見財用不足，密諭江浙監司，暗增民稅七八，故民力重困，餓死者衆。」

(九)「又名察事卒數百游市間，聞言其姦者，即捕送大理寺獄殺之。」

(10)「上書言朝政者，例貶萬里外。」

(11)「日使士人歌誦太平，中興聖政之美，故言路絕矣。士人稍有政聲名譽者，必斥逐之，固寵市權，諫官匪人，略無敢言其非者。」

(12)「自劉光世薨，其家建康園第併以賜檜，及張俊薨，其房地宅緡日二百千，其家獻於國，檜盡得之。」

(三)「性陰險，如崖穽深阻，世不可測，喜贓吏，惡廉士。」

(四)「不用祖宗法，每入省，已漏即出，文案壅滯皆不省。」

(五)「貪墨無厭，監司帥守到闕，例要珍寶，必數萬貫乃得差遣，及其贓汚不法，爲民所訟，檜復力保之，故贓吏恣橫，百姓愈困。」

(六)「臘月生日，州縣獻香送物爲壽，歲數十萬，其家富於左藏數倍。」

(七)「士大夫投書啓者，皋、夔、稷、契爲不足比擬，必曰元聖，或曰聖相，至有請加檜九錫，及置益國官屬者。」

(八)「大理少卿李如岡權尚書禮部侍郎，秦檜生辰，如岡爲百韻詩以獻，檜喜，乃有是命。」

(九)「自渡江後，諸大將皆握重兵難制，張浚、趙鼎爲相，屢欲有所更張，而終不得其柄，檜用范同策，悉留之樞府，而收其部曲，以爲御前諸軍，息兵以來，諸郡守臣，有至十年不易者。」

(一〇)「忘讎逆理，陷害忠良，陰沮宗資之議，又其罪之大者，上久知檜跋扈，秘之未發。」

上列秦檜二十大罪行，乃李心傳綜合之敍列，除誣害岳飛不計之外，在自岳飛死後之紹興十二年（一一四二）起，僅於宋史卷三十至三十二、三篇之中，即可得到以下三十四項的重要考證：

（所錄悉引宋史原文）

紹興十二年：

1「三月辛亥，以士褒嘗營護岳飛爲朋比，責建州居住。」

2「七月，壬辰朔，福州簽判胡銓除名。」——按胡銓曾於紹興八年十一月二十九日在任樞密院編修時上書高宗，乞斬秦檜與和談之使王倫，及因傅會秦檜遂得參加政事之孫近三人，上書結語有云：「願斷三人頭，竿之藁街，然後覊留虜使徐興問罪之師，則三軍之師，不戰而氣自倍，不然，臣有赴東海而死耳，寧能處小朝廷求活耶」。書上，初除名，編管昭州，降詔之後，臺諫及朝臣多救之者，秦檜當時尙迫於公論，改以監廣州鹽倉。明年，改簽書威武軍判官，住福州。十二年，除名之後，編管新州。

3「八月，甲戌，以万俟卨參知政事，充金國報謝使」——按万俟卨曾於紹興十一年七月十六日受秦檜指使，以監察御史身份，誣劾岳飛，害岳飛後，秦檜酬之以任參知政事並派赴敵國報命，然鳥盡弓藏，至紹興十四年二月万俟卨卽遭秦檜之摒棄。

4「是月（指八月）鄭剛中分畫陝西地界，割商秦之半畀金國，存上津、豐陽、天水三縣及隴西成紀餘地，棄和尙方山二原，以大散關爲界。」

5「九月，乙巳，加秦檜太師，封魏國公。」

6「冬十月，丁丑，以皇太后回鑾，推恩追封秦檜爲秦魏兩國公。」

7「庚辰，以何鑄黨援岳飛，不主和議，責授秘書少監，徽州居住。」——按岳飛於紹興十一年十月十三日被誣入大理寺，初命中丞何鑄典獄，何明其無辜，改命万俟卨，方誣成其罪。

8「十一月，癸巳，樞密使張俊罷。」——按馮琦原編張溥論正「宋史紀事本末」在「秦檜主和」一章有云：「賊檜以建炎四年冬十月自金還，紹興元年春二月參知政事，倉卒北來，不半載而登政府入相……旣與呂頤浩交構罷位，榜罪朝堂，進用之路塞矣。久之張俊薦復官，遂專相十八年，封王身死……和議成而國是亂，遂爲賊臣首。」秦檜對朋比爲奸之張俊，亦不能容。

9「庚戌，左承事郎張戒，坐黨趙鼎、岳飛，停官。」

紹興十四年：

10「二月，丙寅，罷万俟卨。」

11「六月，庚子，奪万俟卨三官，歸州居住。」

12「九月，壬申，趙鼎移吉陽軍安置。」

紹興十五年：

13「六月，乙酉，加秦檜妻婦子孫官封。」

14「十一月，丙寅，給秦檜歲賜公使錢萬緡。」

紹興十六年：

15「二月，辛丑，劃金州豐陽縣，洋州乾祐縣畀金人。癸壬，建秦檜家廟。」

16「三月，辛卯，造秦檜家廟祭器。」——按秦檜家廟祭器，亦由國家造製，可惡之極。

17「七月，壬申，以張俊上疏論時事，落節鉞，連州居住。」

紹興十七年：

18「正月，癸巳，進秦熺爲資政殿大學士。」

19「三月，乙酉，改封秦檜爲益國公。」

20「戊子，改命張俊爲靜江寧武靖海軍節度使。」

21「四月，己未，詔趙鼎遇赦永不檢舉，以前貶所潮州錄事參軍石恮，待遇鼎厚，除名，潯州編管。」

紹興十九年：

22「九月，戊申，命繪秦檜像，仍作贊賜之。」

紹興二十年：

23「正月，丁亥，秦檜入朝，殿前司軍士施全道刺之不中，壬辰，磔全於市。」

24「癸亥，加秦熺少保。」

25「七月，甲辰，量移張俊永州，万俟卨沅州居住，趙鼎停官。」

紹興二十一年：

26「十月甲戌，進俊爲太師，升從子子蓋爲安德軍節度使。」

紹興十三年：

27「七月，戊戌，從秦檜所請，命台州取綦崇禮草檜罷相制所受墨勅。」——按卽索回秦檜初遭罷相之文告原文。

紹興二十四年：

28「十一月，戊辰，進秦熺少傅，封嘉國公。是月以通判武岡軍方疇通書胡銓及他罪，除名，永州編管。」

29「十二月，丙戌，以故龍圖閣學士程瑀有論語講解，秦檜疑其譏己，知饒州洪興祖嘗爲序，京西轉運副使魏安行鏤版，至是命毀之，興祖昭州、安行欽州編管，瑀子孫論罪。」

紹興二十五年：

30「二月，壬寅，以通判常州沈長卿，仁和縣尉芮燁作詩譏訕，除名，長卿化州，燁武岡軍編管。」

31「五月，癸丑，以前泉州宗室令衿譏訕秦檜，遂坐交結罪人，汀州居住。」

32「六月，癸卯，以言者追譖岳飛，改岳飛爲純州，岳陽軍爲華容軍。」

33「十月，乙未，幸秦檜第問疾，夜檜諷右司員外郎林一飛，臺諫張扶等請拜熺爲相。」

34「丙申，進封秦檜建康郡王，熺爲少師，並致仕，命湯思退參知政事，是夕檜薨。」

秦檜集萬惡的大成，其生前的險惡，已爲婦人孺子所共知，古語說：「人之將死，其言也善」，但是秦檜却違反了這一常態，臨死時還是在作陰險的安排，根據「宋史」及李心傳撰「建炎以來繫年要錄」，其在臨死時所作的險惡安排，要如下述：

1宋史本紀卷三十三「孝宗」本紀，有如下載述：

「檜疾病篤，其家秘不以聞，謀以子熺代相，帝密啓高宗，破其奸。」

2建炎以來繫年要錄卷一百六十九對於紹興二十五年（一一五五年）十月丙申日（二十二）有如下兩節載述：

㈠「初檜病篤，招參加知政事董德元、簽書充樞密院事湯思退至臥內，以後事囑之，且贈黃金各千兩。德元以爲若不受，則他時病愈，疑我二心矣，乃受之。思退以爲檜多疑心，他時病愈，必曰，我以金試之，便待我以必死耶，乃不敢受。上聞之，以思退爲非檜之黨，是日，以思退兼權參知政事。

夜檜薨，年六十六，遺表略曰：「願陛下益固鄰國之懽盟，深思宗社之大計，謹國是之搖動，杜邪黨之窺覦。」

㈡「秦檜當國，執政官不敢獨奏事，湯思退初入樞府，一日，檜擬除局務官二人，上偶不付出，檜疑之，諭思退令留身詰其故，思退連稱不敢，檜曰：此是檜意，無傷也。明日，思退留身如所戒，上見已驚曰：有何事，乃不與秦檜同奏白，思退具白云云。上曰：此細事，朕偶忘記，非有他也。思退將下殿奏曰：臣自此恐不復望清光，上曰：何故？思退曰：臣今日留身，雖出檜意，但其人多疑，必謂臣更及他事，且諭言路擠排，臣去無日矣。上曰：無慮，朕當保全。思退因略言檜專權蒙蔽之狀，上頷之。退至殿廬，告以上意，未至省，已批出依奏，檜甚喜。其後臺諫數劾思退黨附秦檜之罪，乞罷相，上曰：他人言檜擅權，皆言於其死後，獨思退於檜在日爲朕言之，非黨也。」

3宋史卷三十載述：「二十五年，十月乙未，幸秦檜第問疾，夜檜諷右司員外郎林一飛，臺諫張扶等請拜熺爲相。」

根據以上史書紀述，可悉秦檜臨死之時，尚在作如下的惡行安排：

1意圖以其子繼任相位，想在他死了以後，他的兒子還是宰相，宋朝名爲趙氏天下，權則永遠操在秦氏之手，他自己霸佔了十九年的相位猶不滿足，死了之後，仍不放手。

2以金錢納賄於當政有關人士，想以黃金各一千兩，買動董德元、湯思退二人的心，使爲策應，幫助他的私願最後實現，其性貪污，認爲賄賂可以和他一樣，解決一切問題。

3他以通敵之後，力主和議，使高宗屈以臣屬，割地納貢，（歲貢金人銀二十五萬兩，絹二十五萬匹），稱敵人爲上國，臨死遺言，猶勸高宗，「益固鄰國之權盟」，他認賊作父，亦勸高宗永久不再變更他的內奸策略。

4他自己結黨營私，上挾君主，下制臣民，臨死不知自悔，反以遺表勸高宗「杜邪黨之窺覦」，眞是「作賊者，高呼捉賊」的最好榜樣。

五、追奪王爵與宋史論其誤國

秦檜之被追奪王爵，乃係在其死後五十一年宋寧宗開禧二年（一二〇六）四月庚午日，即在岳飛被追封爲鄂王後的第二年。其死時葬於江寧，江蘇通志有述：「秦檜墓在金陵江寧鎮，歲久榛蕪，成化（明憲宗年號）乙巳秋八月，爲盜所發，獲貨貝以鉅萬計。」

宋史卷四百七十四，對秦檜論評有曰：

「檜兩據相位，凡十九年，刼制君父，包藏禍心，倡和誤國，忘讎斁倫，一時忠臣良將，誅鋤略盡，其頑鈍無恥者率爲檜用，爭以誣陷善類爲功……晚年殘忍尤甚，數興大獄，而又喜諛佞，不避形迹。然檜死熺廢，其黨祖述餘說，力持和議，以竊據相位者尚數人，至孝宗始蕩滌無餘。」

宋史紀事本末論評有曰：

「帝構初奇檜，繼惠檜；復愛檜；晚復畏檜」。

按高宗最後知秦檜之奸也而不能去，迨檜死時則未如其私願以熺爲相，而以封王賜爵應付秦檜父子，命湯思退繼相位。除此之外，高宗於秦檜死後在位六年中對於秦檜之奸行，考宋史卷三十紀載，尚有如下舉措：

紹興二十五年：

1「十月，丁酉，檜姻黨戶部侍郎兼知臨安府曹泳停官，新州安置。朱敦儒、薛仲邕、王彥博、杜思旦皆罷，命有司具上執政侍從官居外任及主宮觀與在謫籍者職位姓名。」

2「十二月，甲戌，詔張浚，万俟卨聽自便。乙亥，復万俟卨爲資政殿學士，提舉萬壽觀兼侍讀。丙申，復張浚官，移胡銓衡州。」

紹興二十六年：

3六月辛卯，以秦檜既死，命史館改修日曆」——按秦檜曾擅改高宗日曆（見宋史藝文志）

4「八月，戊寅，班元豐崇寧學制于諸路，革正前舉登第秦塤曹冠等九人出身，以淮南提舉常平朱冠夕即言秦檜挾私廢法，塤等皆其子孫親戚門下憸人，於是有官應試者所授階官易左爲右，白身者駁放佔用省額，復還後科。」

5「十月，己巳，詔許秦檜在日，無辜被罪者，自陳釐正。」

6十月，乙未，以宋貺黨附秦檜，責梅州安置。」

紹興三十一年：

7「正月，己亥，放張浚、胡銓自便。」

8「三月，丁亥，奪秦熺贈官及遺表恩賞。」

9「十二月，壬寅，復岳州舊名。」

六、朱熹與文天祥看法

秦檜於建炎四年（一一三〇）十月南歸，為金人作間，十一月八日到了今之浙江紹興高宗行在，朱熹恰於是年十月誕生。秦檜為相力主和議時期，正是朱子力學的青年時代。青年人的心靈是純潔的，聽聞觀感更是純正的。當秦檜奸惡眞相被識破，朝廷予以追奪王爵之時，朱子學業早有成就。可以說，他的一生，親眼看到秦檜的職權高張與聲譽沒落，他沒有在秦檜手下任過一官半職，他對秦檜的看法，自然是客觀公正的，所作讜議序有說：

「紹興之切，賢才並用，紀綱復張。諸將之兵，屢以捷告，恢復中原，蓋十已八九成矣，虜始露和議。而宰相秦檜，歸自虜廷，力主其事。當此之時，天下之人，無賢愚，無貴賤，交口合辭，以為不可，獨士大夫之頑鈍嗜利無恥者數輩，起而和之。清議不容，詬詈唾斥，多欲食其肉寢其皮，而檜乃獨以梓官長樂為藉口，攘却衆謀，熒惑主聽，所謂和議，翕然以定。自是二十餘年，國家忘仇敵之患，而偷宴安之樂。檜藉外敵以專寵利，竊主柄以遂奸謀，檜之罪惡，上通於天，萬死不足以贖！其始則倡邪謀以誤國，終則挾虜以要君，使人倫不明，人心不正，至於此極也。」

文天祥生於理宗端平三年（一二三六），也就是秦檜死後的第八十年，他在寶祐四年（一二五六）舉進士第一名時殿試策論中有說：

『謹按國史，紹興間，楊么寇洞庭，連跨數郡，大將王𤫊不能制，時僞齊挾虜使李成寇襄、漢，么與交通，朝廷患之，始命岳飛，措置上流，已而逐李成，擒楊么，而荆、湖平。臣聞外之虜寇，不能爲中國患，而其來也，必待內之變。內之盜賊，亦不能爲中國患，而其起也，必將納外之侮，盜賊而至於通虜寇，則腹心之大患也已。……徒有王𤫊數年之勞，未聞岳飛八日之捷。」

朱子和文信國對秦檜的看法是如此，宋史將秦檜列入奸臣傳，是有考證根據的，是以慶元年間（一一九五——一二〇〇）雖然有王明清撰「玉照新志」指述秦檜主和之功不可掩，仍然不能影響開禧二年（一二〇六）寧宗追奪秦檜王爵，改諡謬醜，更未能使元人撰修宋史採信接納。

南宋紹興之後，迄今已逾八百多年，家喻戶曉的「奸臣秦檜」，早成爲一個定詞。其間元與清代雖以外族統制華夏四百年，但朝野人士，同樣仍指秦檜爲「漢奸」。長跪在各地岳武穆廟前的秦檜夫妻及張俊、万俟卨鐵像，始終未允拆除。無如除宋之王明清外，明之邱濬、郎瑛；清之王侃、趙翼；民國初年之呂思勉等少數人士，亦立異說，或云「秦檜再造南宋，岳飛不能恢復。」或謂「南宋屈膝事大，亦畏天保國之道。」經有識之士，一致指爲荒謬，因之仍然不能推翻史書正論。即在地方志書中，以合川縣志爲例，即特錄「馬鎭巒駁邱濬趙翼和議論」（卷七十四）一文，對邱、趙謬說，辨正詳明，結論曰：

「嗚呼！四帝之遺澤長矣，故猶得南渡，偏定時非無人，李、趙爲相；岳、韓爲將，謂舊疆難復，中興無望，必假和議以延國祚，豈有當於當日情事哉！余嘗舉大勢而言之；宋初都汴非計也，不復燕薊非計也，高宗去汴非計也，力主和尤非計也。和議而諸將罷兵，高宗得以偷安江左，宋之不遽亡者天也。乃邱濬趙翼掃去諸將一時血戰勤勞，鄂王報國孤忠；而以歸功於萬世欲食其肉之賊檜，喜爲異論，獨何心哉！獨何心哉！」

作者至佩教育部審定大學用書、錢穆先生著「國史大綱」（國立編譯館出版，第六編第三十四章、頁四二二）中對於宋金和議及岳飛、秦檜之論評簡明深入，玆錄於下：

「岳飛見殺，正士盡逐，國家元氣傷盡，再難恢復，這却是紹興和議最大的損失。

朱子語類，門人問中興將帥還有在岳侯上者否？朱子凝神良久，曰：次第無人。武穆卒時，朱子已二十餘歲，豈有見聞不確。武穆對高宗曰：文官不愛錢，武官不怕死，天下自平。能道此十字，武穆已足不朽矣，古今人自有不相及。近人以當世軍閥誤疑武穆，非也。

金人得此和議，可以從容整理他北方未定之局，一面在中原配置屯田兵，一面遷都燕京，中間休息了二十年，結果還是由金人破棄和約，而有海陵之南侵。南方自和議後，秦檜專相權十五年，忠臣良將，誅鋤略盡。察事之卒，布滿京城，小涉議議卽捕治，中以深文。而阿附以苟富貴者，爭以擠陷善類爲功。自檜用事，易執政二十八人，皆世無一譽，柔佞易制者。秦檜主和，自謂欲濟國事，試問和議完成後，檜之政績何在，則其爲人斷可見矣。」

按滿淸係金人後裔，初據中原，感於民間敬祀岳飛，宏揚精忠報國，激發反淸復明影響很大，乃提倡敬關羽，排岳飛，並且將武廟中岳飛牌位移出。但是到了乾隆年間，淸高宗重視中華文化，特別崇敬岳飛，御作「岳武穆論」，持正客觀，對宋高宗之論評並無偏私，原文錄下：

「夫北宋之亡，河北之失，宋祚之不復振，中原之不恢復，人皆曰由徽欽而致，然高宗實難逭其責焉。當徽欽北去，社稷爲墟，高宗入援，順人心而卽大位，非不正且大焉。及卽位之後，當臥薪嘗膽，思報父母之仇；而信用汪、黃，貶黜李綱，不復以河北中原爲念；豈非高宗庸儒，用人不察之過哉。其後諸將用命，岳武穆以忠智出羣之才，率師北驅，所戰皆克，而以金牌十二召之班師，淮北之民遮馬痛哭曰，相公去我輩無噍類矣，然武穆亦不得以自留也。夫如武穆之用兵馭將，勇敢無敵，若韓信彭越輩類皆能之。乃加以文武兼備，仁智並施，精忠無貳，則雖古名將亦有所未逮焉。知有君而不知有身，知有君命而不知惜己命！知班師必爲秦檜所搆，而君命在身，不敢久握重權於封疆之外。嗚呼！以公之精誠，雖死於檜之手，而天下後世仰望風烈，實可與日月爭光矣！獨不知爲高宗者果何心哉？」（作於乾隆四年十一月見黃邦寧編岳忠武王文集）

第十章　陷敵陰謀　高宗賜死

宋史本紀卷二十九紀述：高宗紹興十一年（一一四一年）「十二月，癸巳，賜岳飛死於大理寺。」經依「宋史」、「宋史紀事本末」、李心傳撰「建炎以來繫年要錄」、岳珂撰「金佗粹編」與三朝北盟會編（徐夢莘編）、金國南遷錄（金臣張師顏編）、大金國志（宇文懋昭撰）、岳鄂王年譜（錢汝雯編）、岳武穆年譜（李漢魂編）等書，並其他關係史料再三研究，反覆求證，以爲岳飛之死，實基於秦檜之通敵，高宗之思母，兩者相互以成。蓋秦檜善用心術，於熟悉金人以和談爲侵宋決策，並高宗思母心切之後，乃請敵以釋回高宗母太后韋氏爲條件，達成和議。迨和議成立，金人允諾釋放母后回歸之前，復強以「釋母」必先「殺飛」爲要脅，迫使高宗爲求晤母，而忍痛「賜死岳飛」。其可考見者，除秦檜通敵史實及因岳飛寃獄遭受排除人士，已在前章詳爲說明外。金人主和原因及高宗思母與「賜岳飛死於大理寺」之經緯，有如下述：

1金人主和，在高宗「賜岳飛死」以前，可以區分爲兩個重要階段：一爲靖康元年圍宋京師，迫訂城下之盟。掠奪財物，使宋納金五百萬兩，銀五千萬兩，牛馬萬頭，表緞百萬疋，且割中山（今河北定縣）、河間、太原三鎮之地，並尊「金帝」爲伯父。以宰相親王爲質。宋之立國基礎，完全喪失。繼之，復執徽、欽二帝北去，而不殺之，目的仍在以爲要脅和談之工具。再爲建炎之後，金人南侵，已渡長江，固在因其以往利用馬軍制勝，南來後馬軍不利在湖沼之區作戰。實則此時岳飛之軍已成，廣德、溧陽、建康諸捷，使敵膽寒，乃亟引軍北退。謀以和談傾亡宋室。於建炎四年（一一三〇年）九月九日立僞齊於北京（今河北大名），十月又遣秦檜縱之南歸，皆金和平攻勢之謀略。最初高宗亦曾發現秦檜爲奸，罷黜其相位，且下詔有云：「自檜得權而舉事，謂當聳動於西方，逮茲居位以陳謀，乃首建明於二策，罔燭厥理，殊乖素期！」迨後因岳飛剿平江淮湖湘匪患，光復襄陽諸郡，南宋得以偏安之局勢形成，能戰方能和之條件已備，高宗思母更益深切，乃於紹興八年（一一三八年）三月使檜再度爲相。秦檜與金侵宋元帥撻懶相通（按撻懶嘗言：「女眞人口即悉執弓弩，亦不能掩有中原」，故力主和議），當年十二月二十四日即達成和議。副元帥兀朮以撻懶及金首相浦盧虎二人據內外之權，朋比爲奸，陰結南宋，共圖不軌，密告於金主吳亶。嗣浦盧虎與撻懶果謀叛，乃以兀朮爲元帥兼首相。兀朮於平浦盧虎之難後，馳至燕山（今河北薊縣東南），以圖撻懶。當時撻懶奉命爲燕京行臺左承相，右承相乃以往棄建康投敵之杜充，撻懶憤語使者曰：「我開國之功臣也，何罪而使我與降奴杜充爲伍耶？」不受命，遂叛。初欲南來歸宋，不克，既而北走，爲兀朮遣右都監撻不野追而擒之。下祁州（今河北安國縣）元師府獄，於紹興九年（一一三九年）九月十一日誅之。岳飛聞之，奏請光復中原，次六月、七月即有郾城、朱仙鎮之大捷。話說回來，撻懶被誅，有子名哈都郎君（通鑑作勝花都郎君），領其父殘部叛降蒙古，蒙古由是以強。取金團砦二十餘。兀朮率精兵十萬討之，連年不能平。兀朮之所以亦亟謀與秦檜相通，力主和議，實因此也。而高宗不此知，反從兀朮陰謀：「必殺飛，始可和。」而「賜岳飛死於大理寺獄」！當岳飛死後之第四年，亦即紹興十五（一一四五）多兀朮臨死，猶以「腹心之患未除，難遽南侵」諄諄囑戒其國人。兀朮死後，金之良將盡失。至紹興十六年即割西平河（今黑龍江）以北二十七團砦與蒙古以求和，蒙古未肯，至紹與十七年（一一四七年）春又允歲納牛羊各五十萬頭，米豆各五十萬斛，銀絹各三十萬匹兩，蒙古方允其和。於是蒙主鄂羅貝勒，遂自稱「祖玄皇帝」，改元大興。金人遇此強敵，面臨垂危，而岳飛早被高宗賜死，其時高宗年方四十一歲，若能誓雪國恥，痛改前非，猶未為晚，然仍縱使秦檜專制上下，與敵通好，雖在秦檜死後之第七年，高宗五十五歲時，授意孝宗追復岳飛原官，以禮改葬，然已再無有如岳飛之安內、攘外偉大將帥！對宋代史實研究未深入者，間有以秦檜主和，使南宋偏安，延祚百餘年，有適時宜。殊不知其誤宋光復故土，終至亡於外族，誤國罪世，誅有餘恨也！按金人共歷一百二十年於金哀宗天興三年（一二三四年）；南宋共歷一百五十一年又九個月零六天，於後幼帝祥興二年（一二七九年）先後為元所滅。

「大金國志」（宇文懋昭撰）卷七有云：「大金用兵，惟以和議佐攻戰；以僭逆誘叛黨。」

又卷十一有云：「皇統元年（宋紹興十一年）洪皓（金執宋臣）在燕山（今河北省薊縣東南）。是多密奏宋朝，言金國已厭兵，勢不能久，朝廷不知虛實，卑詞厚幣。未有成約，不若乘勝進擊，再造猶反掌耳！」於此益可知金人求和之主因。卷十一又有云：「十二月兀朮以書抵秦檜曰：『爾朝夕以和請，而岳飛方爲河北圖，必殺岳飛，而後可和。』檜奏誅飛及張憲岳雲。」秦檜之通敵，高宗之「賜岳飛死」，亦由是可知也。

2高宗之母韋氏，乃徽宗賢妃，金人陷汴京（今開封）後，在靖康二年四月初一日與徽、欽二帝同爲金人俘執北去。禁之於五國城（今吉林延吉縣）。高宗係太宗後，徽宗第九子，欽宗之弟。與欽宗不同母。卽位後，特念其母，益以其子名旉死後，因已無嗣，而立太祖七世孫瑗爲皇太子（卽孝宗）。南渡初安，自感雖有天下，而無父無子（徽宗紹興五年死），更以母后爲念。建炎以來繫年要錄卷一三五有載：「紹興八年六月，戊辰，上愀曰：『太后春秋已高，朕朝夕思念，欲早相見，故不憚屈己，以冀和議之成者，此也。』」於此得見高宗思母之切。觀之下錄高宗於紹興十年五月戊戌所頒詔書全文，亦可知高宗因思母而屈就和談之梗概：

「昨者金國許歸河南諸路，及還梓宮母兄。朕念爲人子弟，當中孝悌之意；爲民父母，當興拯救之思。是以不憚屈己，連遣信使，奉表稱臣。禮意備厚，雖未盡復故疆，已許每歲銀絹至五十萬兩。所遣信使，有被拘留。有遭拒却，皆忍恥不問，相繼再遣。不謂設爲詭計，方接使人，便復興兵……仰諸路大帥，各竭忠力，以圖國家大計，以慰遐邇不忘本朝之心，以副朕委任之

意。」（見建炎以來繫年要錄一三三）

3秦檜既爲宋相，又爲「金諜」，高宗希望以和議求釋母歸，金人迫於北有蒙古之憂，內有兄弟鬩牆，企圖以和談瓦解宋之反攻力量。宋史卷三百六十五有云：「兀朮遺檜書曰：『汝朝夕以和請，而岳飛方爲河北圖，必殺飛，始可和！』」，秦檜本金人「必殺飛」指示，運用雙方進行和談，岳飛何能不死。乃以謀定方略迎合敵意進行必殺岳飛工作，首先升調万俟卨爲右諫議大夫，再使万俟卨以諫臣身份誣劾岳飛。又誘張俊，以殺岳飛可集中軍事權力於俊一身，使之脅迫買動王俊，誣證岳飛之當罪，而於紹興十一年（一一四一年））十月十三日矯詔下岳飛於大理寺獄。

4岳飛下獄後，秦檜正式派遣尙書禮部侍郎魏良臣偕知閤門事王公亮使金，求成和議。並在致兀朮書中，有「竊惟上令下從，乃命之常，專令良臣等聽取鈞誨，顧力可遵者，敢不罄竭以答再造」之語（全文見下章秦檜之爲金諜考註），哀求兀朮賜予「鈞誨」。亦卽明白請求兀朮當面指示於公開條件之外，尙須約有何項密而不宣條款。

5兀朮知岳飛下獄，而其南侵部隊正深入六合，軍糧不繼，急欲求和。宋使魏良臣旣來，乃遣金國審議使行臺戶部兼工部侍郞蕭毅等亦來宋議和，並携兀朮書曰：

「皇統元年十一月七日，皇叔太保尙書左丞相兼侍中都元帥領行臺尙書省魏國公致書：時寒，想惟安善！近魏良臣至，伏辱惠書，語意懇懃，自訟前失，今則惟命是聽，良見高懷！昨離闕時，親奉聖訓，許以便宜從事，故可與閣下成就此計也。本擬上自襄江，下至於海以爲界。重念江南凋敝日久，如不得淮南相爲表裏之資，恐不能國。兼來使再三叩頭，哀求甚切，於惟可憐。遂以淮水爲界，西有唐鄧二州，以地勢觀之，亦是淮北，不在所割之數。來使云，歲貢銀絹二十五萬兩匹，既能盡以小事大之禮，貨利又何足道，止以所乞爲定。」

又云：「淮北京西陝西河東河北自來流亡在南者，願歸則聽之，理雖未安，亦從所乞。外有燕以北逋逃及因兵火隔絕之人，並請早爲起發。今遣昭武大將軍行臺尙書戶部兼工部侍郎兼左司郎中上輕車都尉蘭陵縣開國伯食邑七百戶蕭毅，中憲大夫充翰林待制同知誥兼右諫議大夫河間縣開國子食邑五百戶邢具瞻等，奉使江南，審定可否，其間有不盡言者，一一口授。惟閣下詳之。卽盟之後，卽當聞於朝廷，其如封建大賜，又何疑焉。有少禮物，具於別幅。隆冬，竊冀順天愼衞眠食，專持書奉達不宣。」

觀之右錄書中所云「間有不盡言者，一一口授，惟閣下詳之。」之語，必殺岳飛之條件，當卽密在其中矣。

6紹興十一年十一月二十一日，金使蕭毅等入見高宗，和議成立。秦檜奏誓書事曰：

「自古盟會，各出意以爲之誓，未有意自彼出，而反覆更易。」

高宗答檜曰：

「朕固知之，然朕有天下，而養不及親，徽宗既無及矣，太后年踰六十，日夜痛心！今雖與之立誓，當奏告天地宗廟社稷，明言若歸我太后，朕不憚屈己與之和，如其不然，則此要盟，神固不聽，朕亦不憚用兵也。」

由此可知高宗和議條件，主要在求釋其母歸。

7和議成立之當天，亦卽十一月二十一日，高宗以僉書樞密院事何鑄、容州觀察使曹勛充大金報謝使，奉誓表以往，表略曰：

「臣構言：今來畫疆，以淮水中流爲界，西有唐鄧州，割屬上國。自鄧州西四十里，併南四十里爲界，屬鄧；四十里外併西南，盡屬光化軍，爲敝邑邊州城。旣蒙恩造，許備藩方，世世子孫，謹守臣節。每年皇帝生辰並正旦，遣使稱賀不絕，歲貢銀絹二十五萬兩匹。自壬戌年爲首，每春季搬送至泗州交納。有渝此盟，明神是殛！墜命亡氏，踣其國家，臣今旣進誓表，伏望上國早降誓詔，庶使敝邑永爲憑焉。」

8十二月十一日，宋割唐鄧商秦之地以畀金，和議完成，金使蕭毅見高宗辭行，高宗特復與之曰：「若今歲太后果還，自當謹守誓約。如今歲未也，則誓文爲虛設。」於此益可以見高宗之和談，乃以求釋母歸爲唯一條件。

必殺岳飛爲敵和談之要求，秦檜以謀略促成，由高宗賜死！和議旣成，高宗奉敵人以誓表。在誓表中，雖無必殺岳飛之一條，然敵使持函所云「其間有不盡言者，一一口授」，口授內容，迄無公佈，證之宋史引述兀朮遺檜書曰：「必殺飛，始可和」之惡語，敢云高宗「賜岳飛死於大理寺」者實基於此。因其時在高宗奉敵誓表履行割地以後之第四十天，亦卽紹興十一年十二月二十九日。至因殺岳飛而由秦檜主使依據法定程序所成定罪之「刑部大理寺案款」，乃掩社會人心耳目之造作，俾在將來歷史上僞作紀錄，藉免秦檜與高宗遺留惡跡，而爲千秋萬世人人所唾罵。因秦檜慣於此法，「高宗日曆」，亦敢擅改，查之宋史藝文志：卷二史、編年類：「宋高宗日曆」一千卷所附之「考證」云：「臣人龍按：『揮麈後錄：自建炎航海之後，如日曆起居時政記之類，初甚完備。秦檜之再相，任意自專，取其壬子歲初罷右相，凡一時施行，如訓誥詔旨，與夫斥逐其門人臣僚章疏奏對之語，稍及於己者，悉皆更易屏異。由是亡失極多，不復可以稽考。逮其擅政以來，十五年間，凡所記錄，莫非其黨姦諛佞之詞，不足以傳信於天下，後世取觀者，太息而已。」其後改修，見宋史本紀卷三十二高宗紹興二十六年「六月，辛卯，以秦檜旣死，命史館改修日曆」之紀述。

岳飛之死，宋史卷三六五有云：「金人所畏服者惟飛，至以父呼之，諸酋聞其死，酌酒相賀。」可見金人之如何希望必殺岳飛，亦可知高宗賜岳飛死之眞正原因。

岳飛死後半年，金人釋高宗之母以歸。據建炎以來繫年要錄紀述：紹興十二年六月「己卯，尚書省言：大金人使明威將軍少府少監高居安扈從皇太后一行前來，詔容州觀察使知閤門事曹勛充接伴使。初，金主亶旣許皇太后南歸，乃遣居安及內侍二人扈從。」此卽高宗以和議而殺岳飛及割地納貢所換來之唯一條件「太后釋歸」。其在敵境與回抵臨安（今杭州）情形，有如下述：

1北盟會編云：「初太后與喬貴妃曾在鄭后殿中，相敍爲姊妹，約先遭遇者當援引，旣而貴妃先遭遇，遂薦太后。太后亦得幸，故二人相與甚歡。及金人欲還太后也，乃遣高中尉取太后。太后與天眷相別，貴妃以五十金爲中尉壽曰，此不足爲禮也，願中尉照管抵江南。貴妃復舉杯白太后曰：「姊此歸，見兒郎爲皇太后矣。宜善自保重，妹無還期，當死於此。入境，卽登舟，晨夕倍道而進，金字牌促有司行期者相接。」

2建炎以來繫年要錄卷一百四十六引述，皇太后韋氏於紹興十二年八月辛巳日抵臨平，壬午日歸臨安，原文曰：

㈠「辛巳，上奉迎皇太后於臨平鎭（屬杭縣在今杭州西北西四十里，臨運河）。初，后旣渡淮，上命秦魯國大長公主逆於道。至是，自至臨平奉迎，用黃麾半仗二千四百八十三人。普安郡王從。上初見太后，喜極而泣。軍衞歡呼，聲震天地。時宰相秦檜、樞密使張俊、太傅醴泉觀使韓世忠及侍從兩省三衞管軍從上行。皆班幄外，太后自北方聞韓世忠名，特召至簾前曰：「此爲韓相公邪?」慰問良久，其後餉賜無虛月。」

㈡「壬午、皇太后還慈寧宮。❶太后聰明有遠慮」，上因夜侍慈寧，語久，冀以順太后意，太后令上早臥。且曰：『聽朝宜早起，不然，恐防萬幾。」上不欲遽離左右，太后遂示以倦意，不得已，恭揖而退。太后復坐，凝然不語。雖解衣登榻，交足而坐，三四鼓而後就枕。嘗謂上，給使者不必分，宜通用之，蓋分則自爲彼此，其間佞人希旨，必肆間言，自古兩宮失懽，未有不由此者，後數日，上以諭大臣曰：『太后旣歸，宮中事一切不復顧矣』。」

明代學人郎瑛撰著「七修稿」紀韋太后南歸一事曰：「徽欽二帝陷北國時，初未知將帥中有忠武其人者。而忠武之名爲二帝所知者，實傳聞於金人。南人之陷北國者，尤樂道之。且描述忠武之如何英武，如何神算，狀忠武爲「大小眼將軍」。蓋忠武兩眼不同，一巨一細。韋太后北歸至臨安，高宗出迎，羣臣文武軍吏，太后亦有多曾耳熟者，忽憶忠武，因問帝曰：因何不見『大小眼將軍』？帝默然。繼而太后問左右，有人曰：『岳飛死獄矣！』並評述其事之顚末曲折，太后怒帝，聲言有此良將不能用，決出家爲尼。帝跪謝遂止。然太后終身在宮中着道服，蓋深惡高宗不能用良將，自毀長城。」

太后歸來，高宗多歸功於秦檜，於是年十月丁丑日特封秦檜爲秦魏兩國公。迨後秦檜益復專橫，高宗明知其險惡而不去之者。亦有念秦檜對於釋歸母后有莫大貢獻，殊不知敵之主和，釋母南歸，乃由於當時得岳飛之戰力，安內攘外，皆有成就，設若高宗南渡之初，無岳飛之光復建康，穩定後方，高宗原已避敵航居於海，卽難能歸，尙何言釋母南歸殺飛求和也。宋史紀事本末論評所云：「飛之利高宗構大矣，反其父兄，還其故疆。庸人皆喜，而構反爲仇。非仇飛也，直仇親耳。秦檜逆構，構逆二聖，兩逆比而飛死，痛哉！」堪謂至屬允當。高宗固知岳飛之忠，但不若其母之親，爲親而害忠，爲私而誤國，高宗誠不仁、不義、不智之極者！

作者以爲如韋氏太后，乃有史以來代價最高與影響極大之女性，以其一年踰六十之老婦，經敵利用迫使其子必殺岳飛，並年獻白銀二十五萬兩，絲絹二十五萬匹，復加割讓唐鄧二州及秦商二地廣大領土，換之歸來，而歸來之後，亦祇再活十七年，於紹興二十九年九月庚子日，年八十時病卒。謚稱顯仁皇后。築墓以二十里爲禁城。民居及禁城範圍內所有邱墓，悉令遷移。爲發引便利凡經過道路有礙建築，皆強撤除。

按韋太后，開封人。初入宮，爲侍御，嗣進婕妤，遷婉容。生高宗，進封龍德宮賢妃。高宗卽位時，遙尊爲宣和皇后。徽宗及鄭后崩於被囚之五國城後，又遙尊爲皇太后。高宗與金人議和時，豫作慈寧宮以待歸，且遙上皇太后册寶於慈寧殿。洪皓在金，求得后書，遣李微持歸，高宗大喜曰：「遣使百輩，不如一書。」遂加李微官。在韋太后未歸之前，高宗每顰蹙曰：「金人若從朕請，餘皆非所問也。」是韋太后之得歸，金人何得不要脅以「必殺岳飛」也！況有內奸秦檜者乎！

❶ 慈寧宮，於韋太后死後改名宗陽宮。遺址在今杭州市浙江省政府右方，其地卽名宗陽宮。

第十一章　沉冤昭雪　御詔追封

岳飛於南宋紹興十一年（西元一一四一）除夕在今之杭州爲高宗賜死於大理寺獄後，其家屬被流徙嶺南，一直到紹興三十一年（一一六一）十月丁卯方准其家屬恢復居住之自由。此在建炎以來繫年要錄卷一九三（頁三二五二）有以下紀述：

「詔蔡京、童貫、岳飛、張憲子孫家屬，令拘管州軍並放令逐便，用中書門下省請也。於是飛妻李氏與其子霖等皆得生還焉。」

此後不足一年，高宗於紹興三十二年六月十一日丙子讓位孝宗，自居太上皇帝。七月戊申孝宗承旨下詔「追復岳飛原官，以禮改葬，訪求其後，特予錄用。」（見宋史本紀卷三十三）原詔云：

「故岳飛起自行伍，不踰數年，位至將相，而能事上以忠，御衆有方，屢立功效，不自矜誇，餘烈遺風，至今不泯。去冬出戍鄂渚之衆，師行不擾，道路之人，歸功於飛。飛雖坐事以歿，而太上皇帝念之不忘。今可仰承聖意，與追復原官；以禮改葬，訪求其後，特予錄用。」

岳飛寃獄案由此得到初步平反，岳飛子孫蒙受破格特別錄用，亦自此起。但爲岳飛定罪之大理寺狀（卽判決書）並未註銷，尙待辦正昭雪。

岳飛五個兒子除岳雲寃獄處死外，其餘以第三子霖最傑出，慨然有昭雪父兄蒙寃之志。淳熙五年（一一七八，亦卽孝宗賜岳飛謚武穆之年）岳霖由知欽州調任將作少監，孝宗皇帝召見，賜對便殿，宣諭有曰：「卿家紀律用兵之法，張韓遠不及。卿家寃枉，朕悉知之。」霖對曰：「仰蒙聖察，撫念故家，臣不勝感激。」遂上書請求發還因寃獄案被沒收的高宗所賜御札手詔。原奏（見金佗粹編天定別錄之一）云：

「通直郎試將作少監岳霖劄子：霖輒瀝誠悃，不避誅夷，仰瀆朝聽。霖照對本家，屢承國史院曆日所取索先父少保忠烈行狀，及前後被受御手詔眞本，應合於文字照使，霖除已遵稟外，重念霖先父少保忠烈，本以寒微，奮由忠孝，頃荷太上皇帝拔自行陣，名列通籍，一時異恩，羣臣莫比。前後被受御筆手詔，無慮數百章，中間不幸爲權臣厚誣，悉被拘沒。今聞見在左藏南庫架閣，比蒙聖恩，昭雪寃抑。憐其幽苦，詔太常議謚，而本家別無文字可以稽考，欲望朝廷特賜詳酌，於南庫取索上件眞本御札手詔等文字，給付本家參考照使，庶令子孫久永珍藏，知兩朝眷寵先臣之意，感激思奮，仰答聖恩，不勝幸甚。干冒威嚴，霖下情無任戰慄之至！伏候指揮。」

孝宗准如所請，於是年閏六月二十一日中書、門下、尙書三省同奉聖旨：「令左藏南庫搜檢給還」。從此岳霖更積極搜輯遺載，於宦遊各地時訪求詢問，復參照高宗皇帝御札手詔，考訂舊文，葺爲專書，然因病未及完成上之於朝，臨危執其子岳珂手曰：「先公之忠未顯，寃未白，事實之在人耳目者，日就湮沒。余幼罹大禍，漂泊縲囚，及仕而考於聞見，訪於遺卒，掇拾參合，必求其當，故姑俟搜撫而未及上。苟能卒父志，死可瞑目矣！」時岳珂年甫十歲，遵父遺命，費盡心力，讀書不忘編錄，終於在十餘年後，寧宗嘉泰三年（一二〇三）十一月初一日作成「籲天辨誣」上之於朝，其奏狀（見金佗粹編）云：

「承務郎新差監鎮江府戶部大軍倉臣岳珂劄子：臣珂輒瀝血誠，仰干天聽，退思僭越，甘俟典刑。伏念臣大父先臣飛際遇高宗皇帝，依乘風雲，獲附勳籍，中更讒誣，雖蒙朝廷昭雪錄用，然尚未經褒贈。臣父先臣霖累準國史實錄院牒，取索被受御札手詔及行迹事實著述文字。重以流離之餘，故傳散漫，掇拾未備，嘗以命臣，俾終其志。臣不量窳陋，涉筆五年，刊集纂脩，粗明梗概。今來所刻被受高宗皇帝御札手詔七十六軸，釐爲十卷。所修大父先臣飛行實編年六卷，籲天辨誣五卷，通敍一卷，並家集十卷，已於嘉泰三年十一月刊修了畢。竊緣臣上件文字，未經進御，謹各奉隨進表一通，囊封躬詣天庭上進。伏望聖慈特賜睿覽，降付尚書省施行。臣冒犯天威，罪當萬死，謹錄奏聞，伏候勑旨。」

觀之可知岳珂於整理其父舊編之餘，更事搜求補充，積日累月，博取採錄記之於册，五年時間從事寫作，他在「行實編年」之末，附誌寫作完成經過，並且說明其寫作目的有三：一欲以明君父報功之誼；一欲以洗先臣致毀之疑；一欲以信無窮之傳。原文（見金佗粹編）曰：

「臣生最晚，然實夙知先世事。自幼侍先臣霖膝下，聞有談其事之一二者，輒強起本末，退而識之。故臣霖亦憐其有志，每爲臣盡言，不厭諄複。在潭州時，令國子博士臣顧杞等嘗爲臣霖搜剔遺載，訂考舊聞，葺爲成書。會臣霖得疾不克上，將死執臣之手曰：『先公之忠未顯，寃未白，事實之在人耳目者，日就湮沒。余幼罹大禍，漂泊縲囚，及仕而考於聞見，訪於遺卒，掇拾參合，必求其當，故姑挨搜摭而未及上。苟能卒父志，死可以瞑目矣。』臣親承治命，號慟踊絕，自年十二三甫終喪制，即理舊編。然臣思頃爲兒時，侍臣霖游宦四方，帥廣州日，道出章貢，見父老帥其子弟來迎，皆涕洟曰：不圖今日復見相公之子。時臣在侍側，感泣曰：先公遺德猶在此。臣霖亦泣曰：豈特此地爲然，昔將遭湖北，武昌之軍士百姓設香案具酒牢，哭而迎，有一嫗哭尤哀，曰：相公今不復此來矣。家人念之者，呼而遺之食。問其夫何在，嫗舍食哭曰：不善爲人，爲相公所斬矣，問其子若婿皆然。當時特以爲老嫗之哭與章貢父老之情等，爲懷舊念恩耳，曾未知匹夫匹婦之心經怨易恕，至於殺其夫子若婿而猶念之，非有大服其心者，疇克爾，因是微有所覺。竊意舊編所載，容有闕遺，故姑緩之，逮臣束髮遊京師，出入故相京鏜門，始得大訪遺軼之文，博觀建炎紹興以來紀述之事，下及野老所傳，故吏所錄，一語涉其事，則筆之於册，積日累月，博取而精覈之。因其已成，益其未備，其所據依，皆條列於篇首。而事之大者，則附其所出於下。蓋五年而僅成一書，上欲以明君父報功之誼；中欲以洗先臣致毀之疑；下欲以信後世無窮之傳，其敢忽諸。謹昧死上。嘉泰三年冬十有一月乙丑朔，承務郎新差監鎭江府戶部大軍倉臣岳珂謹上。」

寧宗將岳珂所呈上述各件，交中書門下後省詳加審閱，審閱結果，認爲「委是採摭精詳，用志可嘉。」於嘉泰四年（一二〇四）六月二十四日中書、門下、尙書三省同奉聖旨：「依看詳事理宜付史館」。但在五月十一日三省、樞密院已同奉聖旨：「岳飛忠義徇國，風烈如在，雖已追復元官，未盡褒嘉之典，可特與追封王爵。」六月二十日頒佈岳飛追封鄂王告。按六月二十四日中書門下後省以岳珂所進各件宣付史館，原狀曰：

「中書門下後省狀：準付下承務郎新差監鎭江府戶部大軍倉臣岳珂狀、右臣珂輒瀝血誠仰干天聽……伏候勑旨，送後省看詳申。今看詳岳飛忠義之節，攘除之功，載在國史，昭然甚明。伏覩近降指揮，追封王爵，不緣陳乞，特出聖恩，誠足以示勸千載。所有岳珂繳進編年六册，家集十一册，委是採摭精詳，用志可嘉，能標表其先烈，宜備太史細繹。兼有御劄十卷，已行鐫刻，其書多引以爲證，又有以見高廟聖算神略任將治兵之本意。其辨誣內併理雪飛之子雲與其部曲張憲之寃，亦是明白。照得紹興三十二年已降指揮，將雲等追復官爵訖。今來若更與追贈，合取自朝廷指揮。其岳珂所進御札石刻並文字乞宣付史館施行，並十軸二十三册表三通申聞事，除理雪岳雲張憲一節見行看詳外，六月二十四日三省同奉聖旨：『依看詳到事理，宣付史館』。」

岳珂籲天辨誣爲祖雪寃，得到實效。因爲岳飛寃獄，當時治史者多秦檜黨羽，檜子秦熺，與孫秦塤都居要津，若無岳珂之籲天辨誣，則不知後世史書將如何紀述。孝宗時歷官太帝博士，寧宗時復爲禮部尙書之章穎曾撰岳飛傳，讀其傳末論言，更知岳珂此作之重要，按章穎之論如下：

「時政記書事，數年之後，紀載豈無闕遺。紹興諸將之功，夏官賞功之籍，猶可考也。飛之初，當時史官所書，用檜風旨，削而小之者有矣。是時典領秘書圖籍者熺也，實錄秉史筆則塤也。史官之屬，則鄭時中，檜之館客也，丁婁明，塤之婦翁也。林機其子婿也。楊迥、董德元、王楊英數十人皆其黨也。上嘗以檜朋比罷政，翰苑之臣綦密禮當草制，上出檜二策，且以親札付密禮據以草制，其後柄用，丐詔於密禮家。既至，則以付秘書省，實收之也。以至宰相拜罷錄令，悉上送官，有存藁者坐以違制之罪，檜之慮亦深矣。人之功則欲掩之，己之功則欲大之，人之過則欲增之，己之過則欲蓋之，行之一時可也，如天下後世何？」

讀章穎之論，更佩岳珂籲天辨誣之適得其時。

根據宋史本紀卷三十五紀載：「孝宗淳熙五年（一一七八）九月戊寅，賜岳飛謚曰武穆。」同本紀卷十一又紀：「理宗寶慶元年（一二二五）二月甲午，詔故太師武勝定國軍節度使鄂王岳飛，謚忠武。」又同本紀卷三十八：「寧宗嘉泰四年（一二〇四）五月，癸未，追封岳飛爲鄂王。宋理宗景定二年（一二六一）詔改稱忠文。元順帝至正九年（一三四九）詔封加賜保義，餘如宋。明太祖洪武九年（一三七六）詔仍稱武穆，從祀歷代帝王廟，配宋太祖享。明穆宗隆慶四年（一五七〇）詔仍謚忠武，明神宗萬曆四十三年（一六一五）加封三界靖魔大帝帝號，勅曰：

「言念渺躬，纘紹靈基，惟聖賢之典謨是重，撫綏夷夏，抑古今之忠孝可褒。咨爾宋忠臣岳飛，精忠貫日，大孝昭天，憤泄靖康之恥，誓清朔漠之師。原職宋忠文武穆岳鄂王，玆特封爾為三界靖魔大帝保刼昌運岳武王。由是造成冠帶袍履一分，特差尙膳監太監李福齎捧去湯陰岳廟懸掛。爰命道家，啓建金籙，告聞矜典，顯播王封，懸尙冠袍，用揚聖悃，咸使聞知。」

岳飛謚與追封，在宋、元、明三朝雖有如上變更，因宋史岳飛本傳僅稱：「謚武穆」。「追封鄂王」，故研究史學者，稱謚多以「武穆」為準，稱追封則以「鄂王」為準。唯宋史列傳「嘉定四年、追封鄂王」之「定」字，乃「泰」字之誤，其詳見宋史本紀卷三十八及原始追封文告，應予改正。

宋理宗追念殊勳，加封鄂王祖宗三代及諸子，曾祖父名成字舜德，贈太師魏國公，配楊氏贈慶國夫人。祖父名立字乾祿，贈太師唐國公，配許氏贈越國夫人。父名和字坤鑄，贈太師隨國公，母姚太夫人高宗時封魏國夫人，追贈周國夫人。妻李氏名娃，字孝娥，高宗初封正德夫人，復加封楚國夫人。長子雲追封繼忠侯。次子雷追封紹忠侯。三子霖追封纘忠侯。四子震追封緝忠侯。五子霆追封續忠侯。長女安娘，婿高祚，封承信郎。次女幼有至性、通書史、知大義，痛父寃，慟哭含憤抱銀瓶投井死，時年十三，世號銀瓶小姐。三世孫以岳珂最傑出，為祖籲天辨誣，恩封鄴侯。

第十二章　遍立廟祀　同仰精忠

美國的一位學人 Hellmut Wilhelm 經過多年考證，深入研究，寫成了一篇岳飛傳，中山學術文化基金董事會委託中央研究院中美人文科學合作委員會翻譯，由正中書局印行，列入「中國歷史人物論集」之中，他對岳飛一一〇三——一一四一的評論有說：

「岳飛的生命就這樣了結了；但是他在中國歷史及傳統上所扮演的角色却沒有了結。他爲自己，爲他的軍隊、以及他的事業，創造了傳奇的事蹟。他雖未能藉此拯救自己或他的國家，但却爲了後代，樹立了一個使人信服的典範；作爲一個曙光初現的新時代的英雄。讓我們借康培爾(Campbell)的一句話來形容他，他分擔了『最嚴酷的考驗不是在他的種族勝利的得意時光中，而是在他個人失意的沉默中。』」

從此可以看出，我們這位民族英雄，不祇受我國人的崇敬，更深受到國際學人的推許。

八百多年來，我國民間對於他的崇敬，不因朝代更替；政府是否重視；而有所變遷。專門崇祀他的廟祠，以江蘇宜興人士於南宋建炎四年（一一三〇）為立生祠（岳飛時年二十八歲）乃最早；寃獄案昭雪以後，首請立廟者，是乾道六年（一一七〇）湖北轉運判官趙彥博，奉准建廟武昌，以「忠烈廟」為額。在此同年，九江知府亦請准於朝，就當地岳飛故宅改建「仰忠祠」。繼之，廟祠亭堂即遍設於大江南北，明朝更特許從祀歷代帝王廟，並封為靖魔大帝，崇敬之隆，與孔廟相等。然經作者詳考，以為建於杭州、湯陰、宜興、及臺灣宜蘭廟祠，與民國初年定制關岳合祀，最具深長意義。按南宋孝宗淳熙五年（一一七八）取折衝禦侮曰武；布德執義曰穆之義，賜謚武穆，且追贈太師。理宗寶慶元年（一二二五）以比諸葛武侯，改謚忠武。寧宗嘉泰四年（一二〇四）又追封鄂王。故凡岳武穆王廟、岳忠武王廟、岳鄂王廟，或簡稱岳廟皆屬岳廟之統稱，玆擇全國各地重要廟祀，簡介於次：

一、杭州功德院、岳王廟墓

宋高宗南渡，離開揚州、鎮江之後，先以越州（今紹興）、續以杭州作行在所，根據「建炎以來繫年要錄」、「三朝北盟會編」、「金佗粹編」三書考證，武穆王前曾來行在述職八次，紹興十一年（一一四一）三月二十四日調任樞密副使後，四月奏准遷家屬之在九江者來居行在，八月二十四日奉聖旨，「岳飛所居，屋宇不足，令臨安府應副添造。」續資治通鑑有言：「紹興十三年作太學，以岳王宅為之，在前洋街。」今址是杭州市法院路浙江高等法院一帶。本節專誌杭州廟墓與長子幼女赴義處所，其他史事，不多贅述。按在「賜岳飛死于大理寺獄」後第二十一年亦卽紹興三十二年（一一六二）六月，高宗讓位於孝宗，自居太上皇帝，七月戊申日，孝宗下詔追復岳飛原官，以禮改葬。

繼此詔書，孝宗並賜給顯明寺充岳飛功德院，嗣因太宗正趙士㒟上言，以顯明寺與太傅儀王趙仲湜安攢有所未便，隆興二年（一一六四）令岳府相度他處自行指定功德院，延久無力陳乞。考之岳珂金佗粹編，據言遲至嘉定十四年（一二二一）六月二十一日方奉聖旨：「改以北山下智果寺特充故少保岳飛功德院」，此卽現在杭州西湖「岳王廟」與「宋岳鄂王墓」之始基，玆分述其演變與現況如次：

㈠功德院演變以成之岳王廟

宋末，蒙古兵南侵入浙，廟墓均廢，武穆六世孫江州岳士廸重修，未幾復廢。至元間（一二六三——一二九四），杭州總督府經歷李全，力爲恢復，重加經營，廟制以備。至正（一三四一——一三六五）中朝，賜額「保義」，旋廢，明洪武四年（一三七一），正祀典，卽寺址復建，景泰、天順間，杭州府同知馬偉，重修祠墓，告成，請於朝，賜額「忠烈」。弘治間（一四八八——一五〇五），太監麥秀重修寢殿。廟右偏有流芳亭，刻王遺像於石置其中。正德十二年（一五一七），鎭守太監王堂，復肖王夫人子女遺像於後寢，扁曰：「一門忠孝」。嘉靖三十七年（一五五八），總督胡宗憲重修。清順治八年（一六五一），巡撫范承謨捐金重修，康熙二十一年（一六八二），殿宇傾圮，兩淮轉運使羅文瑜重修，三十一年（一六九二），李鐸重修，五十四年（一七一五），總督范時崇檄郡縣重修。雍正九年（一七三一），總督李衞，建石坊於祠前甬道，題曰：「碧血丹心」。乾隆十六年（一七五一）南巡，御題廟額，二十二年、二十七年、三十年，迭賜詩章，兩廳刻王所著滿江紅詞，並迻張紫巖北伐詩，西偏有流芳亭，石刻王像。嘉慶六年（一八〇一），巡撫阮元重修，當時廟貌，與先後均有不同，大門額曰岳王廟，入門，中有清乾隆御製詩碑，其北爲楊將軍再興像，二門內，東廡祀張烈文侯，西廡祀牛輔文侯，正殿三楹，中奉王，入內爲寢殿，南向，王與王夫人並坐，東廡爲王五子像，西廡爲王媳五夫人像，西偏建啓忠祠，中祀王考太師隋國公和，妣周國太夫人姚氏，以王女銀瓶，王孫岳珂配享。咸豐十一年（一八六一）廟燬，同治四年（一八六五），布政使蔣益澧重建，民國七年（一九一八），楊善德督浙，以屋宇失修，廟貌漸頹，乃撥府款派督署軍務課長黃元秀、副官張包焯，督工興修。盧永祥繼任，復募款以益之，至十二年工竣，有碑誌其事，碑在大殿下，二十二年（一九三三），由岳廟保管委員會主席張載陽發起重修，至民國三十五年，保管委員會復員，黃元秀繼任主席，又募款重修之。今廟門外有馬路經其前，碧血丹心之石坊，則在濱湖大道中，坊之兩旁爲列肆，皆屬廟產。逾馬路卽大門，其左另闢一門，爲景徽堂，岳氏子孫守祀者所居。入大門爲廣庭，西爲王墓，其上有啓忠祠，額曰：「一門忠孝」，東有門，額曰「萬古馨香」。有殿三楹，規模略仄，爲奉祀翊忠流芳趙士㒟、范澄之、韓世忠、何彥猷、程宏圖、薛仁輔、周三畏、何鑄、李若樸、史浩、劇允升、施全、隗順十三栗主之所，中爲正殿，堂高數丈，榱題數仞，中奉王像，殿左廡奉烈文侯張憲像，右廡奉輔文侯牛皋像，啓忠祠亦三楹，中爲王考妣及王夫婦像，左爲岳珂像，右爲銀瓶像，殿左廡奉五侯像，右廡奉五夫人像，惟楊再興像，昔有而今不存。階前有大鼎，爲前代物，春秋香火甚盛。啓忠祠前，爲精忠園，有池石花木之勝，並軒二楹，備遊客休息，園旁有列肆，售賣雜物碑帖，接連墓道，墓前有碑廊，昔時往紫雲洞者，可穿廊中過，自民國重振廟宇，築有圍牆，僅留門以備通行，棲霞大道，在廟右圍牆外，建有水泥碑坊，額曰：「棲霞勝蹟」，爲新昌張載陽所書寫。霞道前，臨湖爲精忠小學，廟中斥資所建，校屋亦廟產。清時，廟爲布政使所管，命岳氏子孫二家守廟宇，供灑掃，歲祀祭費，由司庫頒發。民國後，岳氏奉祠墓如故，而此守祠之子孫，執有岳王銅印一顆，文曰：「武勝定國軍節度使開府儀同三司湖北京西路宣撫使兼營田大使岳飛印」，或云得自東山衖土中者。民國三十七年兩家已衍爲四房，擇其中一人爲奉祀生。自民國二十年，設保管委員會，會在景徽堂內，廟墓之地共二十四畝一分三厘八毫，東至岳氏房屋，南至岳墳街，西至岳氏地，北至棲霞山路，有圖照歸保管委員會保管。三十七年作者所見：廟南臨西湖，前有石坊，題爲碧血丹心，係雍正時閩浙總督李衛所建，雕鏤頗精，甬道百餘步，前進爲門廳，額題岳王廟，高大莊嚴，令人生敬。入門爲天井，兩旁疊欄植柏數樹，有木板榜其上曰：「此係精忠柏，可觀不可拍」。右角前壁並有精忠柏亭，內置風波亭舊址移來之精忠柏殘幹八段，歷階而升爲殿庭，中爲正殿三楹，塑王捧笏端坐巨像，東廡爲烈文侯祠，西廡爲輔文侯祠，殿庭中置大鐵鼎，左右各豎穹碑一，左爲錄刻復官賜謚各詔勅，右爲盧永祥重修廟墓碑記。廟右爲啓忠祠，入門有長廊，矮屋十數間，販攤雜列，其前隙地，略有竹石，即稱精忠園，歷階以升，爲正殿三楹，中龕武穆考妣中坐王夫婦旁侍像，左右兩龕以孫鄂侯珂及孝女銀瓶配，東廡爲五侯祠，祀五子雲、雷、霖、震、霆，西廡爲五夫人祠，祀五媳鞏、溫、陳、劉、蕭。左右兩廊爲碑房，計嵌壁及豎於廊間者共七十有一石，惟多爲憑吊詩文及修廟碑記，其爲王眞蹟者，計右廊壁上嵌有「文章華國詩禮傳家」八字一石，據嵇恕跋：此石係嘉興譚逢仕構屋時掘出，而移置於王廟者。其旁有奉郎中觀文相公爲三札，共刻三石，奉使郎中無可考，觀文相公爲李綱，其他一札係致趙鼎者。左廊豎有送紫巖張先生北伐詩穹碑一方，紫巖爲張浚別號，碑係楊子器爲昆山令時得眞蹟摹勒，碑陰有桑悅跋。其旁有趙寬錄書滿江紅詞穹碑一方，碑陰有寬自跋，詳述錄書緣由。

㈡宋岳鄂王墓

墓在廟之西，初瘞處之遺址，係今杭州城內衆安橋河下十七號忠顯廟，其原址爲南宋北郭叢藏之所，有九曲叢祠。據民國三十七年杭州岳王廟產保管委員會刊行「精忠小誌」岳王墓誌云：「紹興八年，歲戊午，王謁建國公瑗於資善堂，退而言曰：『中興之業，其在是乎。』紹興三十二年，建國公受高宗內禪，是爲孝宗。中丞汪澈宣撫荊襄，王故部曲合詞訟冤，哭聲雷震，上聞，孝宗大感動。七月下詔追復王原官，並訪求其屍，以禮改葬棲霞，而王之沉冤，遂以大白，距王初見孝宗時，已二十四年，君臣之相得，已有先契耶。詔下求王屍，初未得，時獄卒隗順已死，順曾語其子曰：『岳元帥盡忠報國，後必有昭雪其寃者，我不及待，汝誌之，將來有訪求岳元帥屍，汝可上其事。岳元帥腰下有配玉，請其家人識之；又有一鉛筩，內係揭下當日枷鎖之封皮，今埋屍旁，他日亦可爲證也。』至求屍之詔下，而隗順之子卽上告埋屍之處，於是有司去土得王屍。順子爲指明腰下之玉，筩中之封皮紙，衆知弗誤，乃以王原官禮殮而葬之西湖棲霞山之麓。其九曲叢祠，曾潛藏王屍處，後改爲初瘞處，在今衆安橋河下忠顯廟，有土一抔，以亭覆之，此爲清同治三年司獄吳廷康所建築，碑曰：王父子埋骨處。傳隗順後爲衆安橋土地，其信然耶。然隗順以一獄卒，而知王寃，爲王潛葬，今日棲霞嶺碧血丹心之照耀湖山，語曰，莫爲之先，雖善弗彰，隗順有也。棲霞嶺墓，在王廟西首，豐碑巍然，今題曰：『宋岳鄂王墓』。墓前列文武翁仲六人，石獸三對，旁有井曰忠泉，華表千年，雖朝家屢易而如故。入門有向墓跪者四鐵像，爲秦檜、檜婦王氏、張俊、万俟卨。陷王者，秦檜也。速決死王者，檜婦王氏也。鍛鍊張憲獄，以牽涉王罪者，張俊也。承檜之意，先誣劾王，繼成莫須有之獄辭者，万俟卨也。王改葬於紹興三十二年，元至元間，墓漸漸傾圮，江州王六世孫士廸，會同宜興岳氏合資重修。歷元、明、清代有修葺。太平軍後，浙江藩司蔣益澧重修祠墓。入民國後，楊善德督浙，撥府款令督軍務課長黃元秀、副官張包焯，督工重修。墓四週繚以短垣，岳廟保管委員會成立後，主席委員張載陽募款重修。墓前照牆石刻盡忠報國四大字，係明嘉靖間滿人洪珠所書。墓門有聯，曰：「青山有幸埋忠骨，白鐵無辜鑄佞臣」，則爲入民國後，岳廟保管委員會採昔人詩句而勒諸石者也。康熙間，鐵嶺李鐸曾爲之銘曰，「維王之神，如水在地，於玆墓側，有泉清沸，芯芬甘潔，冷然西注，亦名曰忠，赫濯弈禩」。

按四鐵像，反縛羅跪，胸鑄姓氏，據光緒杭州府誌，明正德八年（一五一三）都指揮李隆範鑄成檜及妻王氏、万俟卨三像，皆赤身反縛跪墓前，久爲遊人撻碎。萬曆二十二年（一五九四）按察副使范淶重鑄，又益以張俊像，撫臣王汝訓沉張俊王氏兩像於湖，移檜卨二像跪祠前。萬曆三十年（一六〇二）范淶復司藩於浙，捐俸重葺，四像復全，後村民棍擊王氏，鐵頭繼落。雍正時李衞督浙，奏請重鑄，言凡鐵不應爲所污，請用收貯叛逆盜兵穢鐵，鑄四奸像，從之，飭錢塘縣知縣李惺重鑄四鐵像，立碣爲記。乾隆十二年（一七四七）布政使唐模重鑄奸像，嘉慶七年（一八〇二）巡撫阮元重鑄，同治四年（一八六五）布政使蔣益澧重葺祠墓，又鑄奸像，光緒二十三年（一八九七）布政使張祖翼又重鑄之，並自爲記，貴州學政楊文瑩書之，民國三十七年尚存者卽張氏所鑄。道旁有石翁仲六，石虎馬羊各二，正中南向爲王墓，稍偏左爲繼忠侯岳雲墓，高塚巍峩，令人起敬，從前墓上樹木皆向南，卽所謂南枝樹，惟久已不存。

風波亭，遺址爲今杭州市北浣紗路浙江第一監獄，其地相傳爲南宋大理寺，亭卽在獄內，乃万俟卨承秦檜意旨，特置以審武穆者，據金山寺誌：「有道月禪師者，值岳王班師過寺，道月勸其勿歸，贈詩有風波亭下水滔滔之句，王不聽，後下大理寺，有亭匾曰風波」，王始悟寺僧詩意。今之戲劇，演岳王成仁者，曰風波亭，蓋風波亭係其成仁之所也。

㈢岳雲張憲就義處

岳雲、張憲就義處，現爲資福廟，在杭州市衆安橋直街六十九號，其地南宋爲棗木巷，初雲、憲獄辭，出於吏手，一二寺官知其無辜，相繼以去，王賜死，戮雲、憲於衆安橋市曹，當時人皆忿恨不平，咸欲誅檜以啖其肉，相傳其時二將寃魂不泯，常顯靈斯地，故里人建祠祀之，往往得福得利，遂以資福資利名祠，寧宗時武穆追贈鄂王，雲爲繼忠侯，憲爲烈文侯，里人改額爲忠烈二侯祠，現已重復舊名，因係二侯並祠，故俗稱雙忠資福廟，以別於專祀張憲者，據志乘所載，此廟昔日本甚宏敞，惟因地處市廛，爲居民侵佔殆盡，現廟係清咸豐十一年燬後，於光緒三年（一八七七）由仁和縣丞吳廷康重建，民國三十七年所見只破屋一間，供奉二侯之像，風雨僅蔽，零落不堪。

㈣銀瓶小姐赴義處

武穆幼女赴義處，現名銀瓶井，亦稱孝娥井，井有二處，舊井在武穆故第忠佑廟之前庭，西廡設銀瓶像，東即爲孝娥井。據湯陰縣志載：「岳孝娥，宋忠武王女也，幼有至性，通書史，知大義，痛父兄死於非命，抱銀瓶投井而死。今浙江按察司北，忠武王故宅東南，有井名孝娥井。」又據岳氏金佗宗譜謂：「井水清澈，亢旱不涸，邦之中疾疫雨暘及官疑獄，其輒靈應。」明正德間按察使梁材造亭覆之，榜爲孝娥井，副使劉瑞爲之銘，其銘曰：「天柱欹，日爲月，禍忠烈，姦檜孽，娥叫父寃寃莫雪，赴井抱瓶泉化血，血如霓，憤爲鐵，曹江之娥府爾節，噫嘻！井可竭，名不可滅。」此井因忠佑廟廢，湮沒不彰。新井現在法院路六十二號，與高等法院隔一南司衖，係同治間杭州府司獄吳廷康考定，吳氏以爲岳王故第，基址甚廣，臯署附近，多其範圍，建廟時爲便祔祀，遂卽以附近之井當之，其實非是，眞井蓋在距廟稍東司衖（現稱南司衖）之校士館，遂請由臬司王凱泰，建造孝泉亭覆之，並設欄置碑，以昭孝烈，當時王凱泰且有「考古得眞源，官舍淸泉留一勺；懷忠經舊宅，孝娥遺蹟並千秋」一聯，卽係爲此井而作。至其考定根據，則無從明悉，然尚巍然路旁。且同治六年（一八六七）王凱泰所題「孝娥赴義處」五字，井欄及撰書碑記，均尚完好，而附近之孝泉里，孝女路且均以此井得名。

二、湯陰故居、精忠廟、岳氏宗祠

湯陰爲武穆故里，在北宋時代，因交通便利，氣候溫和，仕宦之退休人士，多有擇居者，如武穆恩師周同，卽爲退隱而居其地，抗戰勝利之後，有關武穆故宅與廟祠概況，有如下述：

㈠故宅改建的岳帝廟

武穆於北宋徽宗崇寧二年（一一〇三）生於該村，世居湯陰縣東三十五里程崗村，在平漢鐵路未通以前，村前臨交通要道，故宅在程崗村西端，北宋時代屬湯陰縣永和鄉孝悌里。他的高祖名渙字釁桂，仕宋爲令使，自山東聊城縣徙居此地，爲程崗岳氏始祖。曾祖名成字舜福，祖父名立字乾祿，父名和字坤鑄，皆居此以耕讀爲業。故宅面積約佔地五畝，明景泰初年侍講學士徐有貞出鎭彰德，前來訪祭，嗣經鄕人就地改建爲紀念武穆之「岳帝廟」；因明朝洪武九年（一三七六）詔許武穆從祀歷代帝王廟，萬曆四十三年（一六一五）復有詔加封爲「三界靖魔大帝保掓昌運岳武王」之故。由宋迄明，故居房舍多已不存，且因武穆家族隨軍南渡，故宅房舍位置久失其考。現在「岳帝廟」作者於抗戰勝利後三十五年五月曾偕同縣議會會長郭英林、保安團團長廉瑞亭及岳武穆二十七世孫岳佐臣等前往致祭，所見情況爲：門廳三楹題有「岳帝廟」額，進大門築引路，祭臺達正殿，大殿武穆夫婦塑像。殿左方有樓房一所，供武穆父母神位，相傳此樓卽係武穆出生房屋所改建。右方爲幼女銀瓶祠，正殿兩旁各有房三大間，左爲管廟岳氏族人所居，右爲五侯祠，供武穆五子雲、雷、霖、震、霆神位。所以爲五侯祠者，因岳飛於南宋寧宗嘉泰四年（一二〇四）追封鄂王後，五子亦皆封侯。按岳雲封繼忠侯，岳雷封紹忠侯，岳霖封纘忠侯，岳震封緝忠侯，岳霆封續忠侯。又程崗村現有岳氏族人並不多，蓋皆居於城內岳廟街。

㈡程崗村祖留土地

宋史岳飛傳（列傳卷一二四）對武穆家世未詳考載，僅云「父和，能節食以齊饑者，有耕侵其地，割而與之。」既云「侵其地，割而與之」，可見其乃有地，未必絕對是貧戶。但又云「家貧」是以作者輒以「岳飛家貧」究至若何程度存疑。玆幸於細讀岳珂撰「金佗粹編」在「先臣和遺事」一節之中，求有答案。據之以知岳飛之父母和有瘠田數百畝，並非貧戶。按湯陰由宋迄今，鄉地仍多旱田，無水利設施，靠天落雨，方能耕耘，自然多屬瘠田。其有數百畝者，卽可以稱上等農家。但逢旱年歉收，雖富亦貧。因岳飛自我謙遜，於文牘中常自稱「出身微寒」，故史傳稱其「家貧」。

㈢周流社的祖墳、衣冠塚

岳武穆先塋在縣東二十五里周流社，因宋時地淪於金，武穆舉家南遷，未加封植，明景宗景泰初年命侍講學士十五人分鎭要地，學士徐有貞出鎭彰德，始訪跡臨祭，奏請建祠紀念。至弘治間，鄉人工部尙書李燧奏爲修築墳墓界，中禁樵牧，豎表勒石，觀瞻始巍。其後又經清乾隆同治年間歷加修葺，民國十年復予重修，故於抗戰勝利後祠墓均尙完好。周流社有南北二村，中隔湯河，兩村各有居民三百餘戶，多以務農爲業，祠墓在南流村側，四周短垣，廣約百餘丈，前闢三門，額題「岳王先塋」，入門爲拜殿三楹，承以月臺神路，拜殿之後爲寢殿三楹，中供武穆三代考妣及其夫婦與女銀瓶神位，祠右另有接待房室，正房三間，廂房三間，係備官員掃祭時齋宿之用。墓在祠後，計有二穴，一位正中，一處左側，現無碑誌，中爲三代考妣墓，側爲武穆衣冠塚。墓周古柏頗多，氣象肅穆。

㈣精忠廟

精忠廟在湯陰縣西南隅，其地卽名岳廟街。按湯陰雖爲武穆故里，然因宋時淪陷於金，故由金迄元，祀典不舉，僅鄉人於南關外立廟私祀，規模狹隘，制度未稱。明景帝景泰元年，（一四五〇）學士徐有貞出鎮彰德，祭王先塋，並准奏立廟如錢塘之制，由湯陰縣教諭袁純率士庶勸捐，落成之後，景泰二年（一四五一）正月二十二日奉聖旨，賜額曰「精忠之廟」，徐有貞爲之記。厥後弘治十年（一四九七）天啓元年（一六二一）先後由邑令周鎬、楊樸廣其制度，並開拓殿後基地，清代，亦屢加修葺，高宗於乾隆十五年（一七五〇），巡幸於廟，除遣吏部右侍郎彭啓豐致祭外，並御題詩句曰：「翠柏紅垣見葆祠，羔豚命祭復過之，兩言臣則師千古，百義兵威震一時，道濟長城誰自壞，臨安一木幸猶支，故鄉俎豆夫何恨，恨是金牌太促期。」民國二十五年，雖曾重修，然於抗戰期間，殿宇頹毀特甚，勝利後，作者奉命宣慰豫北，回歸故里，先謁精忠廟祠，見其損毀，傷感殊深。乃於當選本縣（湯陰）省參議員後，河南省參議會成立首屆大會第一號案，卽爲所提重修湯陰精忠廟祠以彰忠烈案，當省政府正在督由縣府積極設計並已籌有款項計劃興修時，無如縣城又復陷匪，徒嘆奈何！按湯陰精忠廟殿宇宏偉，與西湖岳廟可相媲美，計廟門外東西兩側各有牌坊一座，額題「宋岳忠武王廟」，正中爲門廳三楹，額題「靖魔大帝」，入門爲肅瞻亭一座，亭內舊豎乾隆御製詩石碑，現已移至大門外左側，肅瞻亭左右並各有小亭一座，以備遊人憩息。正中爲大殿五楹，中供王塑像，旁有二班將立侍，一捧印，一執旗，傳卽隨從張保、王橫。大殿兩廡並各有廂房四楹，初置部將牌位，現已空無所有。大殿之後爲寢殿五楹，中供王夫婦塑像，寢殿東隅爲考妣祠三間，中供王考妣神主，西隅爲孝娥祠三間，中供王女銀瓶像，寢殿東廡爲長子祠三間，西廡爲四子祠三間，分供王五子塑像，考妣祠東側爲尙書祠三間，祠王孫珂。岳氏宗祠即在考妣祠東邊，與岳廟相通，亦可由正門出入，大門外路南為施將軍祠三間，中鑄施全刺秦檜銅像，鬚髮怒張，英氣勃勃，右側並有明張應登所撰諡義烈將軍施公碑一方，詳述私諡理由，岳廟正門階前羅跪奸人秦檜、王氏、張俊、万俟卨及王鵬兒等鐵像五軀，三軀之頭已被擊落，奸人之惡，千載之後，公論之在人心，猶有餘恨也。

(五)岳氏宗祠

岳氏宗祠，在精忠廟東側，有正殿三間及附屬房屋多間，岳武穆手書「前後出師表」原文碑石，即刊於附屬房屋之中。祠中珍存明代萬曆年間「岳武穆畫像」，其幅度大小與臺北外雙溪「國立故宮博物院」所存歷代帝王畫像相同，以極精緻之檀香木長盒裝存，並用多層絲綢包紮，另尚存有岳武穆手書而未經傳世之文稿與用物多種，非經岳氏後裔推定主管人之特別允許，任何人不得啟視，所有文物絕對不許照像，作者因得岳王二十七世孫岳佐臣先生之特許，每次返里，均可約時拜觀欣賞，清代名儒乾隆年間進士畢沅撰書「岳忠武王像贊」，亦在珍存之列，其文如下：

在宋名將　武惠武襄　智仁勇兼　維忠武王
少嗜春秋　生有神力　曰岳家軍　所向無敵
百戰百勝　精忠大旍　兩河響應　中興之機
痛飲黃龍　燕雲唾手　金牌忽來　獄莫須有

淳熙補謚　嘉定追封　忠孝感人　廟祠攸崇
湯陰故里　遺像赫弈　幅巾團袍　一編弗釋
英姿颯爽　儒將雅歌　愛錢惜死　垂戒不磨
昔撫中州　旋督全楚　每稽戰功　威稜如覩
浣筆讚頌　付賢裔孫　必恭敬止　天地長存

湯陰岳氏宗祠輯存文物甚多，除武穆手跡墨寶外，如明董其昌「湯陰縣重修宋忠武鄂王精忠祠記」，清陶澍「謁湯陰宋忠武祠」等名家作品，以往曾有「精忠廟志」刊行，以誌其詳，惜清末絕版，致爲仰敬武穆純忠偉烈之人士，於謁廟之餘，未得有參考讀物，以明瞭武穆眞實史事，作者盡二十年之心力，以撰「岳飛史蹟考」（正中書局五十八年出版）一書，意出於此。

三、宜興生祠、岳堤、百合場

金兵南侵渡江之後，今之京杭國道地區，只有宜興一地因得武穆保衞，未受蹂躪，是以人民特別懷念，爲立生祠，其概略如下：

㈠岳王生祠

岳王生祠在宜興城內東廟巷，據岳珂編撰武穆行實編年（奉准編進史館之史料）建炎四年（一一三〇），庚戌武穆二十八歲，「春正月，金人攻常州，守臣周杞遺屬官趙九齡來（按當時武穆正敗金人於廣德，六戰皆捷，俘其將王權）迎，武穆欣然從之，且欲據城堅守，扼虜人歸路以立奇功，會城陷，未及行，郭吉（按郭原爲水軍統制叛變爲盜）在宜興擾掠夷民，令佐聞武穆威名，同奉書以迎，且言邑之糧糗可給萬軍十歲，武穆得書，遂至宜興，甫及境，吉已載百餘舟逃入湖矣，武穆卽遣部將王貴傅慶將二千人追之，大破其衆，歐其人船輜重以還。時又有羣盜馬臯、林聚等精銳數千，武穆遣辯士說之，盡降其衆。有號張威者不從，武穆單騎入營，手擒出斬之，收其軍。常之官吏士民棄其產業趨宜興者萬餘家，邑人德之，各圖其像，與老稚晨夕瞻仰，如奉定省，曰父母之生我易也，公之保我難也。又相帥卽周將軍廟闢一室祠之。邑令錢諶爲之記。」此卽宜興王生祠之由來。按祠中原爲圖像石刻以祠，嗣改圖像爲塑像。淳熙八年（一一八一），郡守章冲易以袞冕。嘉定十年（一二一七）邑令載桷瞻拜祠下，以爲豐功而薄祀，貴爵而附處非宜，爰爲卜徙於今地，時武穆之孫岳珂正守嘉興，出資以助其成，周端朝記之。當時廟基極廣，廟貌亦壯，中更興替，頗被侵佔，有明中葉，因歲久頹毀，甚且訛岳爲嶽，像設東嶽之神，弘治九年（一四九六）胡璉白其事，邑令陳策復之，增葺堂廡，繪塑武穆像。厥後列入祀典，代加修治，民國二十八年冬，日機轟炸宜興，全廟被毀，現已僅存遺址，不過在斷磚殘瓦中尙留有乾隆五十五年（一七九〇）印照所撰之「重修岳王廟碑記」一方，足資辨認，至未毀前規模，就遺址觀察，似爲門廳五楹，儀門照廳五楹，後軒三楹。

㈡岳　堤

岳堤在宜興縣南門外深溪上，起自南門，通張渚丁蜀諸處，廣約丈餘，長約二里，相傳爲武穆追逐金兵築以通軍，明時王之造作「岳堤記」，讀之可悉其沿革與勝蹟，全文如下：

「余先人壠在國山南岳寺之東北，出荆南門，由泗水菴前過分路口，有堤通張渚丁蜀諸處，行李之往來及樵蘇販負之輩，紛紛濟濟，盡率由焉。其地東越烏溪，西逾蝦籠，道里繚曲矣。憶予弱冠時，從先君子省墓，始過此堤，見其形如虹之亙於天也，二水來之，不啻若兩儀之分也，先君子因指而敎曰：此考縣誌爲岳堤，乃宋少保鄂國忠武王逐金兵而築以通軍者也。斯時桃侵罨畫，柳映銅官，溪邊漁舍，麓上民廬，儼若圖畫者也。嗣得十數年，堤上綠陰成陣，鳥語如簧，時階兩弟坐激水橋，聽流聲，觀鷺戲水，不禁概焉興感。夫利濟於一時，口碑乎萬世，丈夫所爲固當如是，非然者，生無益而死無聞，直蜉蝣中之蜉蝣耳，何足以論人事。王從詣轅之請，帥偏師而至宜，意在於金人耳，偶舉旋乾轉坤之手，竟成補天浴日之功，至於今平波瀲灩，漁艇落影，清溪接岸，蒹葭一徑，斜通雲岫，山溪之好，於堤而得貫通焉。砥平矢直，人頌其功，世遠人遙，風流如在，嗚呼！顧瞻周道，榛苓永懷也已。」

㈢百合場

百合場在宜興縣舊志與續志均有記述，舊志卷六「阨塞」云：「百合場出南門二十里，土人相傳岳忠武於此與金人決戰百合，故名。土地平曠，縱廠十餘里，可陣可戰，洵爲駐屯善地」。續志卷一「遺址」云：「百合場在陸平縣之東，遺蹤之南，相傳宋岳武穆與金兵百戰於此，四周營壘遺址，猶有存者」。據沈无咎螺塚詩：「至今百合場，殺氣門松竹」句下自註：「百合場之戰，正以少擊衆處，王勒兵趨臨安，聞金寇時已引去，遂從間道追及宜興南嶽廟，戰經百合，故名。」百合場從前係一山邊曠野，現已成爲二百餘家之村落，村名卽曰百合場，村邊竹樹茂密，風景頗爲幽勝，居民大部爲客幫溫州人，多以墾山採茶爲生。註中所述南嶽廟，在百合場南五里之銅官山麓。百合場北二里，尙有一地，地勢極高，廣可數十畝，兩旁各有小溝，土人稱爲岳王營，謂卽戰後宿營之地。

(四)岳霖墓

岳霖墓在宜興縣東北四十里之唐門庵，其地卽古之唐門里。據金佗宗譜：「侯爲王三子，幼穎悟，年十二，竄嶺表，郵錄時，詔復官，與朱熹、張栻爲友，淳熙五年以知欽州，詔入對，上諭曰，卿家紀律用兵之法，張韓遠不逮，卿家寃枉，朕悉知之，天下共知之。侯稽首涕泣，遷通直郎，試將作少監，具劄求還高宗所賜御札手詔，卽簿錄時所取以滅迹者，詔令於左藏南庫檢還之。侯搜剔遺文，葺爲成書，會疾革未上卒，以屬其子珂，侯官終朝散大夫敷文閣待制，贈大中大夫，景定間追封纘忠侯。」侯於紹興末，嘗自江洲來宜興，邑人感王之德，爭買田賃宅以居之。侯遂家於邑之唐門里，子孫世守其地，唐門岳氏，遂成著姓。侯沒後，有司索王衣冠並侯葬之，此卽宜興岳王墓之所由來。淳祐間，四世孫益於墓東隅建侯祠，並於祠旁築顯祖菴，延僧汝弼主之，以奉王祀，至是規模始備。現祠墓雖將就圮，然尙堪憑吊，墓在平田中，中爲王衣冠塚，旁卽侯墓，石門墓表，均已不存，卽墓土亦日漸塌落，現雖地已不及三尺，形類土堆，不久恐遂將湮沒。祠在墓側，去墓僅十數步，額題岳纘忠侯祠，規模極小，僅門廳五楹，正殿三楹，中供侯栗主，題爲「宋少師封朝請大夫敷文閣待制兵部侍郎廣東經路安撫使加贈大中大夫纘忠侯諱霖之神位」。門邊尙有祠田碑記一方，頗足考見唐門岳氏分佈狀況。

由上述武穆在宜興之事跡，得知該縣因得武穆之保衞，盜寇旣除，更得不亡於金，德及人心，爰有生祠之祀，且優遇其後嗣。尤有足以特書者，卽武穆在建炎四年（一一三〇），因軍紀嚴明，軍民合作，並收編叛軍戚方扈成等部，嚴施訓練，所統之軍始得壯大，乃於宜興爲基地，統兵四出，累敗金人於常州、鎭江，並進而收復建康（今南京），從此軍聲大振，故宜興可謂岳家軍之發祥地。除此之外，在彼一年（卽武穆二十八歲時）之中，與武穆事功及其生死並宋室存亡之有關者尙有以下數事，玆併誌之：

1由於武穆之光復建康（南京），宋高宗因爲金人南侵而航居於海（定海），方得復還越州（紹興），並決定於次年改元紹興元年。

2武穆以功遷武功大夫昌州防禦使、通泰州鎭撫使兼知泰州。並渡江屯兵江陰。

3武穆首受宋高宗御札，文有曰：「岳飛奮命許國，忠勞甚著，朕常嘉之！今可與光世所遣將領等協力並進，往承州楚州等處殺伐金賊，期於剿撲，當議不次推賞。其有能獲龍虎太師者，白身與除觀察使。九月十五日付岳飛。」

4金人南侵渡江之後，因軍事不利，於是年春季引兵北去，易軍事侵略爲和平攻勢，於九月初九日立僞齊劉豫於北京（今河北大名）之後，又於十月初二日將俘後予以洗腦訓練四年之秦檜縱之使歸，秦檜之南返，負有敵人交付之使命，用和平攻勢以亡宋室，是則岳武穆之精忠報國，光復中原之宏願，恰與秦檜之通敵亡國奸計成反比，所謂漢賊不兩立，岳武穆之必受害於秦檜，乃於是年種其遠因；設若本年無秦檜之南來，則武穆必不致死，宋室或可不亡。

5武穆於是年十一月生第三子名霖，字及時，號商卿，因武穆之有此子，乃能於被秦檜陷害後之二十餘年具劄請還高宗所賜武穆御札手詔，並搜剔遺文，臨病終時囑其子珂葺爲成書，上之於朝，奉旨宣付史館，武穆之寃，得以大白。

6武穆在軍事上得力之長子雲於本年開始隨父從軍，時年僅十二，武穆征伐，未嘗不與，手握兩鐵錐，重八十斤，能左右運，因武穆當年只二十八歲，有此十二歲之子隨軍作戰，人多誤爲非其親生，而係養子，即宋史亦以此誤稱，殊不知北方人早婚，在宋時早成習慣，武穆於十六歲時在湯陰故里與李夫人結婚，次年即生長子雲，此於岳氏宗譜可以考證。

四、臺灣宜蘭岳武穆王廟

民國前十六年（一八九六），當日人據臺之初，宜蘭地方人士緬懷祖國，經進士楊士芳發起，創建岳武穆王廟，以爲團結聚會之所。旨在提倡忠、孝、節、義，達到「還我河山」目的。

爲遮掩日人耳目，取「碧血丹心望曉霞」之意，定名「碧霞宮」。籌建經年，於民國前十三年（一八九九）初春動工，秋季落成，迄今已有七十年以上歷史，其要有如下述：

㈠宗旨：臺灣光復，該廟依照政府法令，舉行信士大會，通過章程，明定：「以崇祀民族英雄岳武穆王，效法精忠報國精神，倡導忠孝節義，發揚民族固有道德，福利社會爲宗旨。」

此外臺灣高雄市春秋閣，臺北市行天宮，新竹武勝廟，南投日月潭文武廟，均崇祀岳武穆王。臺北市郊區指南宮新建樂園塑有「岳母刺字」敎忠像，市內林森公園，還有嘉義市均塑有岳武穆銅像。又花蓮縣天祥風景區的鄂王亭，有名家趙恒惕撰書岳王傳略石刻。

綜上舉述，得見大陸與臺灣各地敬重岳飛的大要；並足以見數百年來他的精忠報國精神影響社會人心的深遠。

最後並列舉國人敬重之特殊事例，以爲撰誌本書之殿。

一、國父壯許聯語

胡漢民著「不匱室詩鈔」卷八錄有 國父贈日人宮崎寅藏聯語一則；謝康撰「詩聯叢話」，（五十七年商務出版）特別選入，並加註曰：「民國七年 國父道經日本箱根，日友宮崎寅藏偕同志數人來迎，即設洗塵宴於『環翠樓』中，席間宮崎求書存念， 國父即席揮筆而贈以一聯。」聯曰：「環翠樓中虬髯客，湧金門外岳飛魂」。按宮崎爲助 國父奔走革命之日本義士，贈聯以「岳飛魂」喻忠義，顯見 國父對岳飛之敬重。至聯中「湧金門」乃杭州市通往西湖岳王廟墓之城門。

二、先總統 蔣公期勉

民國二十年十一月中國國民黨第四次全國代表大會在南京舉行， 蔣公出席致詞，強調統一爲禦侮救國的前提，以「岳武穆孤忠報國」自勉。對日抗戰勝利，偕夫人蒞杭州岳王廟致敬（影照見特頁）。政府遷臺，當選連任總統，以建設臺灣爲三民主義模範省，積極準備反攻，光復大陸，輒以日月潭爲駐蹕之所，對潭濱改建之「文武廟」，躬親指示敬祀孔子、關羽、岳飛三位，以作中國文武聖哲之代表。

三、蔣總統經國先生號召國人效法「精忠報國」

蔣總統經國先生於岳飛八七三年誕辰之日（六十五年三月十五日，農曆二月十五日）曾以時任行政院院長，對出席中華民國六十五年度擴大早餐會之各政黨領袖、政府軍政首長、各級民意機構代表、工商企業重要負責人共六百餘人致詞，號召國人以無比堅定的信心與決心，一致效法岳飛「精忠報國」精神，矢志光復大陸，「還我河山」。這項偉大啓示，激發起國內同胞與海外僑胞的振奮心，臺灣電視公司適應觀衆要求，於是年四月十九日推出「精忠岳飛」國語連續劇，開岳飛史事出現電視之新紀元。

四、民初定制關岳合祀

民國三年十一月二十一日政府明令關壯繆侯、岳忠武王合祀，以歷代忠武將士配祀。民國四年二月四日又核定以岳氏宗祠藏本為岳武穆標準畫像（見本書卷首）。

五、史事研究廣受重視

有關岳飛史事的研究，自宋迄今，廣受重視，作者以為值得推重之專著，在南宋當時以章穎撰「岳侯傳」，岳珂撰「金佗粹編」為最佳。他如吳拯撰「岳王事」，熊大本撰「大宋中興通俗演義」，惜版本不存。元臣脫脫主修宋史中的「岳飛傳」，雖有與「武穆行實編年」及「岳氏宗譜」不相符合之處，仍不失其足資參考價值，明朝名家李春芳作敍之「新鐫全像武穆精忠傳」及鄒元標撰「岳武穆精忠傳」，因富民族精神意識，清朝初年被燬絕版。乾隆年間朝野人士特別崇敬岳飛，錢彩撰「精忠演易說本岳王全傳」（簡稱說岳全傳），方得流傳迄今，憾在其中多虛構神話，與史實不合。乾隆三十四年黃邦寧編行之「岳忠武王文集」，則內容極佳。民國以來，鄒烈於抗戰時期因話劇盛行，編「精忠柏史劇」四大本，李漢魂復編「岳武穆年譜」一巨册，又美國學人 Hellmut Wilhelm 魏漢姆撰「岳飛傳」，均值得稱許。作者費二十年時間完成「岳飛史蹟考」後，再撰本書。國立編譯館於六十三年一月十四日曾以國秘字第三零號公函予作者以鼓勵，原函有云：「先生對民族英雄之史事，評論正確，令人敬佩，除珍存本館留供編輯教科書之參考外，謹申謝忱。」慰我良多。

附錄

一、岳武穆年表

按依編年題材專紀岳武穆言行史實之書，除岳珂撰武穆行實編年之外，尙有錢汝雯編岳鄂王年譜，梁玉繩編岳忠武王年譜，岳士景編增訂岳忠武王年譜，黃邦寧編岳忠武王文集所附年譜，李漢魂編岳武穆年譜等多種。查之宋史卷三百六十五，列卷卷一二四「岳飛傳」亦爲分年紀要，玆參考上述年譜、傳記、及李心傳撰建炎以來繫年要錄，徐夢莘編三朝北盟會編，編列岳武穆年表如下：

年次	歲數	事蹟	附註
崇寧二年　一一〇三	一歲	歲次癸未，二月十五日生於相州湯陰縣永和鄉孝悌里程崗村。	是歲爲宋徽宗在位之第三年。
大觀元年　一一〇七	五歲		高宗名趙構生於是年五月二十一日，八月封蜀國公。次年正月封廣平郡王。

政和元年　一一一一	九歲	居家力學	童貫使遼
政和四年　一一一四	十二歲	居家力學	女眞叛遼
政和五年　一一一五	十三歲	居家力學	女眞完顏阿骨打稱帝，國號金。
重和元年　一一一八	十六歲	夫人李氏來歸居家力學	宋遣馬政浮海使金，與金通好。
宣和元年　一一一九	十七歲	長子雲生於湯陰故里	金遣使李善慶及散覩同馬政來宋修好。
宣和二年　一一二〇	十八歲	居家力學	宋金約夾攻遼，以取燕雲之地。
宣和三年　一一二一	十九歲	從周同學射	廣平郡王趙構晉封爲康王。
宣和四年　一一二二	二十歲	從軍爲小隊長，擒相州賊陶俊、賈進和，父和薨，奔喪還湯陰。	金人攻遼，遼五宗悉爲金有，童貫攻遼敗績。
宣和五年　一一二三	二十一歲	守制居故里	金人以和書及燕京六州來歸。
宣和六年　一一二四	二十二歲	保韓琦家墅，在平定軍任編校。	金人擒遼主延禧於夾山，遼亡。

宣和七年 一一二五	二十三歲	在平定軍（今山西平定縣）	金人分道入寇，徽宗懼敵，十二月二十四日禪位於欽宗
靖康元年 一一二六	二十四歲	次子雷生於湯陰故里，破榆次縣賊。投効大元帥於相州，平賊吉倩，補承信郎。敗金兵於侍御林，轉保義郎。敗金軍於滑州遷秉義郎。	金人圍京師，時康王奉使河北，受詔爲兵馬大元帥，設帥府於相州。
建炎元年 一一二七	二十五歲	戰開德，轉修武郎。戰曹州，轉武翼郎。受陣圖於宗澤。從大元帥至南京。上書奪官，詣張所，待以國士，借補武經郎，充中軍統領，渡河復新鄉縣，敗金人於侯兆川，進戰太行山，擒金將拓跋耶烏。復歸宗澤爲留守司統制。	京城既陷，金人立張邦昌爲楚帝，並挾徽欽二帝北去。大元帥於五月初一日即位於南京，改元建炎。初以李綱爲相，宗澤爲東京留守，張所爲河北招撫使，惜不久俱罷。
建炎二年 一一二八	二十六歲	在鞏縣保護陵寢，戰汜水關，戰竹蘆渡，轉武功郎。母姚氏、夫人李氏南來至鞏縣。	宗澤薨，詔以杜充代之，武穆隸充仍任統制。
建炎三年 一一二九	二十七歲	大破叛將王善等於京師南薰門，轉武經大夫。擒杜叔五、孫海，轉武略大夫借英州刺史。解陳州圍，轉武德大	金兀朮大舉南侵，帝奔臨安，遂如越州。兀朮陷臨安，遣兵渡浙追帝，帝航於海。

		夫授英州刺史。從杜充往建康，敗賊張用於鐵路步，戰馬家渡，金人入建康，敗金人於廣德，俘其將王權，充御營使司統制。復溧陽縣充御使下都統制。	
建炎四年 一一三〇	二十八歲	移屯宜興，破盜郭吉等。敗金人於常州等地，光復建康，獻俘行在。平叛將戚方，遷武功大夫，昌州防禦使，通泰州鎮撫使兼知泰州。破金人於承州，俘其酋送行在，渡江屯江陰，三子霖生於宜興。長子雲從軍。	金兀朮敗走淮西，帝還越州。金立僞齊劉豫於北京，又遣秦檜自撻懶軍中縱使南歸爲金諜。
紹興元年 一一三一	二十九歲	詔副張俊討李成，追敗李成於樓子莊，復敗李成於蘄州。招降張用，充神武右副軍統制，授親衞大夫、建州觀察使。遷神武副軍都統制，部兵屯洪州。	高宗改元紹興，秦檜爲尙書右僕射，同平章事兼知樞密院事。
紹興二年 一一三二	三十歲	以本職權知潭州，兼權荆湖東路安撫都總管。招討曹成，大破曹成於賀州，追敗曹成於桂嶺。移屯江州。授中衞大夫、武安軍承宣使。平賦馬友黨	落秦檜相職。

		於筠州，平劉忠餘賊於廣濟。	
紹興三年 一一三三	三十一歲	平亡將李宗亮，招討虔吉諸盜。擒賊首羅誠等，平虔賊於固石洞，入虔城論囚。擒萍鄉賊高聚張成。召赴行在賜御書精忠旗，授鎮南軍承宣使，充江南西路舒蘄州制置使。置司江州。所部改爲神武後軍，充神武後軍統制。	僞齊合金人入寇，陷襄陽唐鄧隨郢諸州及信陽軍，鎮撫刺史李橫、牛皋、李道、董先等俱失守南來，詔並聽武穆節制。
紹興四年 一一三四	三十二歲	奏請復襄陽六郡，詔兼荆南、鄂、岳、黃、復州漢陽軍、德安府制置使。復郢州、隨州、襄陽、新野、鄧州、唐州、信陽軍。移屯鄂州，行營田。授淸遠軍節度使，湖北路荆襄潭州制置使，特封武昌縣開國子，出師池州，解廬州圍。	金與僞齊合兵寇淮西，帝詔親征，次平江，會金兵糧盡，且聞國主病危，遂退師。張浚知樞密院事，視師江上。
紹興五年 一一三五	三十三歲	入覲，授鎮寧崇信軍節度使，任荆湖南北襄陽府路制置使，充神武後軍都統制，進封武昌郡開國侯。命將所部討楊么。四子震生於九江。自池州移軍潭州。大破楊么於洞庭湖。斬么函	宋徽宗崩於金之五國城（合江依蘭縣）。趙鼎、張浚爲尙書左右僕射，並同中書門下平章事兼知樞密院事。

		首迻都督行府。加檢校少保，進封武昌郡開國公。還軍鄂州，任荊湖南北襄陽府路招討使，所部神武後軍改稱後護軍。	
紹興六年 一一三六	三十四歲	梁興等率衆來投，兼營田使。入覲。移屯襄陽，改武勝定國軍節度使，充湖北京西路宣撫副使。母姚太夫人薨。降制起復。復虢州，遣楊再興復西京長水縣，破僞齊鎭汝軍。帝遣醫官至軍前療目疾，又遣內侍傳宣撫問。	僞齊劉麟、劉猊分道寇淮西，武穆奉詔出師江州。會麟、猊敗遁，武穆遂改圖陳蔡，因有西京等處之捷。
紹興七年 一一三七	三十五歲	入覲。拜太尉陞湖北京西路宣撫使兼營田大使。扈帝至建康，論恢復大計。奏乞終喪，還廬山。奉詔還軍，乞以本軍進討劉豫。論宜建都上游並乞進屯淮甸，計廢僞齊。	張浚免相職，以趙鼎爲尙書左僕射同中書門下平章事，並樞密使。
紹興八年 一一三八	三十六歲	還軍鄂州，入覲。論和議非計，帝命詣資善堂見皇太子（卽孝宗）。	秦檜再相任尙書右僕射同平章事兼樞密使，是年冬和議告成，趙鼎、韓世忠、武穆均力諫和議非計，胡銓上書乞斬秦檜。

紹興九年 一一三九	三十七歲	授開府儀同三司。奏乞解軍務。五子霦生於江州。入覲。	因和議成立，大赦天下。
紹興十年 一一四〇	三十八歲	金人叛盟，加少保，兼河南府路陝西、河東、河北路招討使，旋改河南北諸路招討使。賜御札令援劉錡。大舉進兵，密疏請建儲，復潁昌府，復蔡州，復陳州，復鄭州，復中牟縣，復西京，復南城軍，大破金兀朮拐子馬於郾城，復戰於五里店斬阿李朵孛堇，梁興復懷衛二州。敗兀朮於小商橋，楊再興死之。戰潁昌，殺金統軍上將夏金吾，復敗金人於臨潁，大破金兵於朱仙鎮，遣使修治陵寢，奉詔班師。奏乞解兵柄。入覲。	金兵分道入寇，詔武穆控扼，武穆遂大舉進兵，因有郾城、朱仙鎮諸處之捷，軍聲大振。金將韓常等皆欲內附，兀朮亦欲北退，秦檜通敵，力勸高宗下詔班師。
紹興十一年 一一四一	三十九歲	援淮西，召赴行在。任樞密副使，與張浚同往楚州閱軍。改充萬壽觀使，奉朝請。寃獄賜死於臨安大理寺獄。	和議又成立，高宗稱臣於金。

二、岳武穆歷任官職一覽表

（根據岳珂撰「武穆行實編年」及宋史「岳飛傳」考訂）

年次	年齡	官名	職稱	附註
宣和四年（一一二二）	二〇歲	承信郎	眞定府路宣撫司小隊長	宋制武職官分六十階，文職官分四十階，「承信郎」爲武職之第五十二階。
靖康元年（一一二六）	二四歲	進義副尉、承信郎、保義郎、秉義郎、修武郎、武翼郎	天下兵馬大元帥府先鋒	是年六月破虜榆次縣補進義副尉。十二月投効兵馬大元帥康王趙構。以戰功晉階，由五十七階晉升至四十二階
靖康二年，五月初一日改元建炎元年（一一二七）	二五歲	武經郎、閤門祗侯	河北招撫使司中軍統領	是年五月初一日康王卽皇帝位（高宗），岳飛上書，被議越職言事革職，往投招撫使張所。

建炎二年（一一二八）	二六歲	武功郎、武經大夫、武略大夫、武德大夫	東京留守司統制、英州刺史	東京留守爲宗澤，以戰功晉升至十九階，刺史係遙領性質未實際到職。
建炎三、四年（一一二九～一一三〇）	二七八歲	武功大夫	御營使司統制軍馬、御使下都統制、昌州防禦使、通泰州鎮撫使兼知泰州	武職兼文職，晉升至武職第十五階。
紹興元年至紹興三年（一一三一～一一三三）	二九至三一歲	親衛大夫、中衛大夫	神武右副軍統制、昌州防禦使、建州觀察使、神武副軍都統制、權知潭州兼權荊湖東路安撫都總管、武安軍承宣使、鎮南軍承宣使、江南西路沿江制置使。	武職晉至第九階置司江州（九江）
紹興四年（一一三四）	三二歲	官同前 加封武昌縣開國子	神武後軍統制、兼荊南鄂岳黃復州漢陽軍德安路制置使、清遠軍節度使、神武後軍都統制、湖北路荊襄潭州制置使	此後逐年兼晉文職官階
紹興五年（一一三五）	三三歲	官同前、加爵授檢校少保、封武昌郡開國	鎮寧崇信軍節度使、荊湖南北襄陽府路制置使、荊湖南	置司襄陽

		侯、又晉封武昌郡開國公	北襄陽府路蘄黃州制置使、荊湖南北襄陽府路招討使兼營田使。	
紹興六年（一一三六）	三四歲	官爵加封同前	武勝定國軍節度使、湖北京西路宣撫副使兼營田使。	置司鄂州（武昌）
紹興七年（一一三七）	三五歲	太尉 餘同前	武勝定國軍節度使、湖北京西路宣撫使兼營田大使。	太尉爲南宋武職官階之首
紹興八年（一一三八）	三六歲	官爵加封同前	職同前	
紹興九年（一一三九）	三七歲	授開府儀同三司 餘同前	職同前	開府儀同三司乃南宋文職官階之首
紹興十年（一一四〇）	三八歲	加爵授少保 餘同前	武勝定國軍節度使、湖北京西路宣撫使、河南北諸路招討使兼營田大使。	兼招討使北伐中原
紹興十一年（一一四一）	三九歲	官爵加封同前	樞密副使。少保武勝定勝軍節度使、萬壽觀使、奉朝請，以迄於卒。	高宗皇帝賜第臨安是年除夕寃死大理寺獄

四、宋史岳飛傳原文

元臣脫脫等撰（附錯誤考註）

岳飛（宋史卷三百六十五、列傳卷一百二十四。）

岳飛字鵬擧，相州湯陰人。世力農，父和，能節食，以濟饑者，有耕侵其地，割而與之；貰其財者，不責償。飛生時，有大禽若鵠，飛鳴室上，因以爲名。未彌月，河決內黃，水暴至，母姚抱飛坐甕中，衝濤及岸，得免，人異之。少負氣節，沉厚寡言。家貧，力學，尤好左氏春秋孫吳兵法。生有神力，未冠，挽弓三百斤，弩八石。學射於周同，盡其術，能左右射。同死，朔望設祭於其冢，父義之，曰：「汝爲時用，其徇國死義乎？」宣和四年眞定宣撫劉韐，募敢戰士，飛應募。相有劇賊陶俊、賈進和，飛請百騎滅之。遣卒，僞爲商，入賊境。賊掠以充部伍，飛遣百人伏山下，自領數十騎，逼賊壘，賊出戰，飛陽北，賊來追之，伏兵起，先所遣卒擒俊及進和以歸。康王至相，飛因劉浩見。命招賊吉倩，倩以衆三百八十人降，補承信郎。以鐵騎三百，往李固渡，嘗敵敗之。從浩解東京圍，與敵相持於滑南。領百騎習兵河上，敵猝至，飛麾其徒曰：

「敵雖衆，未知吾虛實，當及其未定，擊之。」乃獨馳迎敵，有梟將舞刀而前，飛斬之，敵大敗，遷秉義郎。隸留守宗澤，戰開德曹州皆有功，澤大奇之，曰：「爾勇智才藝，古良將不能過，然好野戰，非萬全計。」因授以陣圖。飛曰：「陣而後戰，兵法之常。運用之妙，存乎一心。」澤是其言。康王卽位，飛上書數千言。大略謂：「陛下已登大寶，社稷有主，已足伐敵之謀；而勤王之師日集，彼方謂吾素弱，宜乘其怠擊之。黃潛善、汪伯彥輩，不能承聖意恢復，奉車駕，日益南，恐不足繫中原之望；臣願陛下乘敵穴未固，親率六軍北渡，則將士作氣，中原可復。」書聞，以越職奪官歸。詣河北招討使張所，所待以國士，借補修武郎，充中軍統領。所問曰：「汝能敵幾何？」飛曰：「勇不足恃，用兵在先定謀。欒枝曳柴以敗荆，莫敖采樵以致絞，皆謀定也。」所矍然曰：「君殆非行伍中人。」飛因說之曰：「國家都汴，恃河北以爲固。苟馮據要衝，時列重鎭。一城受圍，則諸城或撓或救，金人不能窺河南，而京師根本之地固矣。招撫誠能提兵壓境，飛唯命是從！」所大喜，借補武經郎。命從王彥渡河，至新鄉，金兵盛，彥不敢進。飛獨引所部鏖戰，奪其纛而舞。諸軍爭奮，遂拔新鄉。翌日，戰侯兆川，身被十餘創，士皆死戰，又敗之。夜屯石門山下，或傳金兵復至，一軍皆驚，飛堅臥不動，金兵卒不來。食盡，走彥壁乞糧，彥不許，飛引兵益北，戰於太行山，擒金將拓跋耶烏。居數日，復遇敵。飛單騎持丈八鐵槍刺殺黑風大王，敵衆敗走。飛自知與彥有隙，復歸宗澤，爲留守司統制。澤卒，杜充代之，飛居故職。二年，戰胙城，又戰黑龍潭，皆大捷。從閭勍保護陵寢，大戰汜水關，射殪金將，大破其衆。駐軍竹蘆渡，與敵相持，選精銳三百，伏前山下，令各以薪芻交縛兩束。夜半爇四端而舉之，金人疑援兵至，驚潰。三年，賊黃善、曹成、孔彥舟等，合衆五十萬薄南薰門，飛所部僅八百，衆懼不敵。飛曰：「吾爲諸君破之。」左挾弓，右運矛，橫衝其陣，賊亂，大敗之；又擒賊杜叔五、孫海於東明，借補英州刺史。黃善圍陳州，飛戰於清河，擒其將孫勝、孫清，授眞刺史。杜充將還建康，飛曰：「中原地，尺寸不可棄，今一舉足，此地非我有。他日欲復取之，非數十萬衆不可。」充不聽，遂與俱歸，師次鐵路步，遇賊張用，至六合，遇李成，與戰皆敗之。成遣輕騎刼憲臣犒軍銀帛，飛進兵掩擊之，成奔江西。時命充守建康，金人與成合寇烏江，充閉門不出，飛泣諫請視師，充竟不出，金人遂由馬家渡渡江，充遣飛等迎戰，王𤫊先遁，諸將皆潰，獨飛力戰，會充已降金，諸將多行剽掠，惟飛軍秋毫無所犯。兀朮趨杭州，飛要擊至廣德境中，六戰皆捷，擒其將王權，俘簽軍首領四十餘。察其可用者結以恩，遣還；令夜斫營縱火，飛乘亂縱擊，大敗之。駐軍鍾村，軍無見糧，將士忍饑，不敢擾民。金所籍兵，相謂曰：「此岳爺爺軍。」爭來降附。四年，兀朮攻常州，宜興令迎飛移屯焉，盜郭吉聞飛來，遁入湖。飛遣王貴、傅慶追破之，又遣辯士馬皋、林聚，盡降其衆。有張威武者不從，飛單騎入其營，斬之。避地者賴以免，圖飛像祠之。金人再攻常州，飛四戰皆捷，尾襲於鎭江東，又捷，戰於清水亭，又大捷，橫屍十五里。兀朮趨建康，飛設伏牛頭山待之，夜令百人黑衣混金營中擾之，金兵驚，自相攻擊。兀朮次龍灣，飛以騎三百，步兵二千；馳至新城大破之，兀朮奔淮西，遂復建康。飛奏：「建康爲要害之地，宜選兵固守。仍益兵守淮，拱護腹心。」帝嘉納。兀朮歸，飛邀擊於靜安，敗之。詔討戚方，飛以三千人，營於苦嶺，方遁，俄益兵來，飛自領兵千人，戰數十合，皆捷，會張俊兵至，方遂降。范宗尹言：「張俊自浙西來，盛稱飛可用。」遷通泰鎭撫使，兼知泰州。飛辭，乞淮南東路，一重難任使，收復本路州郡，乘機漸進，使山東河北河東京畿等路，次第而復。會金攻楚急，詔張俊援之，俊辭，乃遣飛行，而命劉光世出兵援飛。飛屯三墩爲楚援，尋抵承州，三戰三捷，殺高太保，俘酋長七十餘人。光世等皆不敢前，飛師孤力寡，楚遂陷。詔飛還守通泰，有旨可守卽守，如不可但於沙州保護百姓，伺便掩擊。飛以泰無險可恃，退保柴墟。戰於南霸橋，金大敗，渡百姓於沙上，飛以精騎二百殿，金兵不敢近。飛以泰州失守，待罪。紹興元年，張俊請飛同討李成，時成將馬進犯洪州，連營西山，飛曰：「賊貪而不慮後，若以騎兵，自上流絕生米渡，出其不意，破之必矣。」飛請自爲先鋒，俊大喜。飛重鎧躍馬，潛出賊右，突其陣，所部從之，進大敗，走筠州。飛抵城東，賊出城，布陣十五里，飛設伏以紅羅爲幟，上刺岳字，選騎二百，隨幟而前，賊易其少，薄之。伏發，賊敗走。飛使人呼曰：「不從賊者坐，吾不汝殺。」坐而降者，八萬餘人。進以餘卒奔成於南康，飛夜引兵至朱家山，又斬其將趙萬。成聞進敗，自引兵十餘萬來，飛與遇於樓子莊，大破成軍，追斬進，成走蘄州，降僞齊。張用寇江西，用亦相人，飛以書諭之曰：「吾與汝同里，南薰門、鐵路步之戰，皆汝所悉。今吾在此，欲戰則出，不戰則降。」用得書曰：「果吾父也！」遂降。江淮平，俊奏飛功第一，加神武右軍副統制，留洪州彈壓盜賊，授親衞大夫建州觀察使。建寇范汝爲陷邵武，江西安撫李回檄飛分兵保建昌軍及撫州，飛遣人以岳字幟植城門，賊望見，相戒勿犯。賊黨姚達饒靑逼建昌，飛遣王萬徐慶討擒之，升神武副軍都統制。二年，賊曹成擁衆十餘萬，由江西歷湖湘，據道賀二州，命飛權知潭州，兼權荆湖東路安撫都總管，付金字牌，黃旗，招成，成聞飛將至，驚曰：「岳家軍來矣！」卽分道而遁。飛至茶陵，奉詔討之。成不從，飛奏：「比年多命招安，故盜力強則肆暴，力屈則就招，苟不略加剿除，蠭起之衆，未可遽殄」許之。飛入賀州境，得成諜者，縛之帳下，飛出帳調兵食，吏曰：「糧盡矣！奈何？」飛陽曰：「姑返茶陵。」已而顧諜若失意狀，頓足而入。陰令逸之，諜歸告成，成大喜，期翌日來追。飛命士蓐食，潛趨遶嶺。未明，已至太平場，破其砦。成據險拒飛，飛麾兵掩擊，賊大潰。成走據北藏嶺上梧關，遣將迎戰，飛不陣而鼓，士爭奮，奪二隘據之。成又自桂嶺置砦至北藏嶺，連控隘道，親以衆十餘萬守蓬頭嶺。飛部才八千，一鼓登嶺，破其衆，成奔連州，飛謂張憲等曰：「成黨散去，追而殺之，則脅從者可憫；縱之，則復聚爲盜。今遣若等誅其首，而撫其衆，愼勿妄殺，累主上保民之仁。」於是憲自賀、連，徐慶自邵、道，王貴自郴、桂，招降者二萬，與飛會連州，進兵追成，成走宣撫司降。時以盛夏，行師瘴地，撫循有方，士無一人死癘者。嶺表平，授武安軍承宣使，屯江州。甫入境，安撫李回檄飛捕劇賊馬友、郝通、劉忠、李通、李宗亮、張式，皆平之。三年春，召赴行在，江西宣諭劉大中奏飛兵有紀律，人恃以安。今赴行在，恐盜復起，不果行。時虔吉盜，連兵寇掠循梅廣惠英韶南雄南安建昌汀邵武諸郡，帝乃專命飛平之。飛至虔州，固石洞賊彭友悉衆至雩都迎戰，躍馬馳突，飛麾兵即馬上擒之，餘酋退保固石洞。洞高峻環水，止一徑可入，飛列騎山下，令皆持滿，黎明遣死士疾馳登山，賊衆亂，棄山而下，騎兵圍之，賊呼丐命，飛令勿殺，受其降。授徐慶等方略，捕諸郡餘賊，皆破降之。初以隆祐震驚之故，密旨令飛屠虔城，飛請誅首惡而赦脅從，不許。請至三四，帝乃曲赦，人感其德，繪像祠之。餘寇高聚張成犯袁州，飛遣王貴平之。秋入見，帝手書精忠岳飛字製旗以賜之。授鎭南軍承宣使，江南西路沿江制置使，又改神武後軍都統制，仍制置使。李山、吳全、吳錫、李橫、牛皐皆隸焉。僞齊遣李成挾金人入侵，破襄陽唐鄧隨郢諸州及信陽軍。湖寇楊么亦與僞齊通，欲順流而下，李成又欲自江西陸行趨兩浙與么會，帝命飛爲之備。四年，除兼荆南鄂岳州制置使，飛奏：「襄陽等六郡爲恢復中原基本，今當先取六郡，以除心膂之病。李成遠遁，然後加兵湖湘，以殄羣盜。」帝以諭趙鼎，鼎曰：「知上流利害，無如飛者。」遂授黃復州漢陽軍德安府制置使。飛渡江，中流顧幕屬曰：「飛不擒賊，不涉此江！」抵郢州城下，僞將京超號萬人敵，乘城拒飛，飛鼓衆而登，超投崖死，復郢州。遣張憲、徐慶復隨州，飛趣襄陽，李成迎敵，左臨襄江，飛笑曰：「步兵利險阻，騎兵利平曠，成左列騎江岸，右列步平地，雖衆十萬，何能爲！」舉鞭指王貴曰：「爾以長槍步卒擊其騎兵。」指牛皐曰：「爾以騎兵擊其步卒。」合戰，馬應槍而斃，後騎皆擁入江，步卒死者無數，成夜遁，復襄陽。劉豫益成兵屯新野，飛與王萬夾擊之，連破其衆，飛奏：「金賊所愛，惟子女金帛，志已驕惰，劉豫僭僞，人心終不忘宋，如以精兵二十萬直擣中原，恢復故疆，誠易爲力，襄陽隨郢地皆膏腴，苟行營田，其利爲厚，臣候糧足，卽過江北，勦戮敵兵。」時方重深入之擧，而營田之義自是興矣。進兵鄧州，成與金將劉合孛堇列砦拒飛，飛遣王貴張憲掩擊，賊衆大潰，劉合孛堇僅以身免。賊黨高仲退保鄧城，飛引兵一鼓拔之，擒高仲，復鄧州。帝聞之喜曰：「朕素聞岳飛行軍有紀律，未知能破敵如此。」又復唐州、信陽軍。襄陽平，飛辭制置使，乞委重臣經畫荆襄。不許。趙鼎奏：「湖北鄂岳最爲上流要害，乞令飛屯鄂岳，不惟江西藉其聲勢，湖廣江浙亦獲安妥。」乃以隨郢唐鄧信陽並爲襄陽府路，隸飛。飛移屯鄂，授清遠軍節度使湖北路荆襄潭州制置使。封武昌縣開國子。兀朮劉豫合兵圍廬州，帝手札命飛解圍，提兵趨廬，僞齊已趨甲騎五千逼城，飛張岳字旗與精忠旗，金兵一戰而潰，廬州平。飛奏襄陽等六郡人戶闕牛糧，乞量給官錢，免官私逋負，州縣官以招集流亡爲殿最。五年，入覲，封母國夫人，授飛鎭寧崇信軍節度使，湖北路荆襄潭州制置使，進封武昌郡開國侯。又除荆湖南北襄陽路制置使，神武後軍都統制，命招捕楊么。飛所部皆西北人，不習水戰，飛曰：「兵何常？顧用之何如耳。」先遣使招諭之。賊黨黃佐曰：「岳節使號令如山，若與之敵，萬無生理，不如往降。節使誠信，必善遇我。」遂降，飛表授左義大夫。單騎按其部，拊佐背曰：「子知逆順者，果能立功，封侯豈足道，欲復遣子至湖中，視其可乘者擒之，可勸者招之。如何？」佐感泣，誓以死報。時張浚以都督軍事至潭，參政席益與浚語，疑飛玩寇，欲以聞。浚曰：「岳侯忠孝人也，兵有深機，胡可易言。」益慙而止。黃佐襲周倫砦，殺倫，擒其統制陳貴等，飛上其功，遷武功大夫，統制任士安不稟王璦令，軍以此無功，飛鞭士安使餌賊，曰：「三日賊不平，斬汝！」士安宣言岳太尉兵二十萬至矣，賊見止士安軍，併力攻之，飛設伏，士安戰急，伏四起擊賊，賊走。會召浚還防秋，飛袖小圖示浚，浚欲俟來年議之，飛曰：「已有定畫，都督能少留，不八日可破賊。」浚曰：「何言之易。」飛曰：「王四廂以王師攻水寇則難，飛以水寇攻水寇則易。水戰，我短彼長，以所短攻所長，所以難。若因敵將，用敵兵，奪其手足之助，離其腹心之託，使孤立而後以王師乘之，八日之內，當俘諸酋。」浚許之。飛遂如鼎州，黃佐招楊欽來降，飛喜曰：「楊欽驍悍，旣降，賊腹心潰矣。」表授欽武義大夫，禮遇甚厚，乃復遣歸湖中，兩日欽說余端劉詵等降，飛詭罵欽曰：「賊不盡降，何來也？」杖之，復令入湖。是夜掩賊營，降其衆數萬。么負固不服，方浮舟湖中，以輪激水，其行如飛，旁置撞竿，官舟迎之輒碎。飛伐君山木爲巨筏，塞諸港汊。又以腐木亂草浮上流而下，擇水淺處，遣善罵者挑之，且行且罵，賊怒來追，則草木壅積，舟輪礙不行，飛亟遣兵擊之，賊奔港中，爲筏所拒。官軍乘筏，張牛革以蔽矢石，舉巨木，撞其舟盡壞，么投水，牛皐擒斬之。飛入賊壘，餘酋驚曰：「何神也？」俱降。飛親行諸砦慰撫之，縱老弱歸田，籍少壯爲軍，果八日而賊平。浚嘆曰：「岳侯神算也。」初賊恃其險，曰：「欲犯我者，除是飛來。」至是，人以其言爲讖。獲賊舟千餘，鄂渚水軍，爲沿江之冠，詔兼蘄黃制置使。飛以目疾乞辭軍事，不許，加檢校少保，進封公。還軍鄂州，除荆湖南北襄陽路招討使。六年，太行山忠義社梁興等百餘人慕飛義，率衆來歸。飛入覲，面陳襄陽自收復後未置監司，州縣無以按察，帝從之。以李若虛爲京西南路提舉兼轉運提刑，又令湖北襄陽府路自知州通判以下，賢否許飛得自黜陟。張浚至江上會諸大帥，獨稱飛與韓世忠可倚大事。命飛屯襄陽，伺窺中原，曰：「此君素志也。」飛移軍京西，改武勝定國軍節度使，除宣撫副使，置司襄陽，命往武昌調軍，居母憂，降制起復。飛扶櫬還廬山，連表乞終喪。不許，累詔趣起，乃就軍。又命宣撫河東，節制河北路，首遣王貴等攻虢州下之，獲糧十五萬石，降其衆數萬。張浚曰：「飛措置甚大，今已至伊洛，則太行一帶山砦必有應者。」飛遣楊再興進兵至長水縣，再戰皆捷，中原響應。又遣人焚蔡州糧，九月劉豫遣子麟猊分道寇淮西，劉光世欲舍廬州，張俊欲棄盱眙，同奏召飛以兵東下，欲使飛當其鋒，而己得退保，張浚謂：「岳飛一動，則襄陽何所制？」力沮其議。帝慮俊、光世不足任，命飛東下。飛自破曹成；平楊么，凡六年，皆盛夏行師，致目疾，至是甚，聞詔卽日啓行。未至麟敗，飛奏至，帝語趙鼎曰：「劉麟敗北不足喜，諸將知尊朝廷爲可喜。」遂賜札言：「敵兵已去淮，卿不須進發，其或襄鄧陳蔡有機可乘，從長措置。」飛乃還軍。時僞齊屯兵窺唐州，飛遣董先、王貴等攻破之，焚其營。奏：「圖蔡，以取中原。」不許，飛召貴等還。七年，入見，帝從容問曰：「卿得良馬否？」飛曰：「臣有二馬，日啖芻豆數斗，飲泉一斛，然非精潔，卽不受。介而馳，初不甚疾，比行百里，始奮迅。自午至酉，猶可二百里。褫鞍甲，而不息，不汗，若無事然。此其受大而不苟取，力裕而不求逞，致遠之材也！不幸相繼以死。今所乘者，日不過數升，而秣不擇粟，飲不擇泉，攬轡未安，踴躍疾驅，甫百里，力竭汗喘，殆欲斃然。此其寡取易盈，好逞易窮，駑鈍之材也！」帝稱善，曰：「卿今議論極進。」拜太尉。繼除宣撫使兼營田大使，從幸建康。以王德、酈瓊兵隸飛，詔諭德等曰：「聽飛號令，如朕親行。」飛數見帝論恢復之略，又手疏言：「金人所以立劉豫於江南，蓋欲茶毒中原，以中國攻中國，粘罕因得休兵觀釁。臣欲陛下假臣月日，便則提兵趨京洛，據河陽陝府潼關，以號召五路叛將。叛將旣還，遣王師前進，彼必棄汴而走河北，京畿陝右可以盡復。然後分兵濬滑，經略兩河。如此則劉豫成擒，金人可滅，社稷長久之計，實在此舉。」帝答曰：「有臣如此，顧復何憂，進止之機，朕不中制。」又召至寢閣命之曰：「中興之事，一以委卿。」命節制光州。飛方圖大舉，會秦檜主和，遂不以德瓊兵隸飛。詔詣都督府，與張浚議事，浚謂飛曰：「王德淮西軍所服，浚欲以爲都統，而命呂祉以督府參謀領之，如何？」飛曰：「德與瓊素不相下，一旦握之在上，則必爭。呂尙書不習軍旅，恐不足服衆。」浚曰：「張宣撫如何？」飛曰：「暴而寡謀，尤瓊所不服。」浚曰：「然則楊沂中爾？」飛曰：「沂中視事等爾，豈能馭此軍。」浚艴然曰：「浚固知非太尉不可。」飛曰：「都督以正問，飛不敢不盡其愚，豈以得兵爲念耶！」卽日上章乞解兵柄，終喪服。以張憲攝軍事，步歸廬母墓側，浚怒，奏以張宗元爲宣撫判官，監其軍，帝累詔趣飛還職，飛力辭。詔幕屬造廬以死請，凡六日，飛趨朝待罪，帝慰遣之。宗元還，言：「將和士銳，人懷忠孝，皆飛訓養所致。」帝大悅。飛奏：「比者寢閣之命，咸謂聖斷已堅，何至今尚未決。臣願提兵進討，順天道，因人心。以曲直爲老壯，以逆順爲強弱，萬全之效可必。」又奏：「錢塘僻在海隅，非用武地。願陛下建都上游，用漢光武故事，親率六軍，往來督戰，庶將士知聖意所向，人人用命。」未報，而酈瓊叛，浚始悔。飛復奏：「願進屯淮甸，伺便擊瓊，期於破滅。」不許。詔駐師江州，爲淮浙援。飛知劉豫結粘罕，而兀朮惡劉豫。可以間而動。會軍中得兀朮諜者，飛陽責之曰：「汝非吾軍中人張斌耶？吾向遣汝至齊，約誘至四太子，汝往不復來，吾繼遣人向齊，已許我今冬以會合寇江爲名，致四太子于清河，汝所持書竟不至，何背我耶？」諜冀緩死，卽跪服，乃作蠟書，言與劉豫同謀誅兀朮事，因謂諜曰：「吾今貸汝，復遣至齊，問擧兵期，刲股納書，戒勿泄。」諜歸以書示兀朮，兀朮大驚，馳白其主，遂廢豫。飛奏：「宜乘廢豫之際，擣其不備，長驅以取中原。」不報。八年，還軍鄂州。王庶視師江淮，飛與庶書：「今歲若不擧兵，當納節請閑。」庶甚壯之。秋，召赴行在，命詣資善堂，見皇太子，飛退而喜曰：「社稷得人矣。中興基業，其在是乎。」會金遣使將歸河南地，飛言：「金人不可信，和好不可恃，相臣謀國不臧，恐貽復世譏。」檜銜之。九年，以復河南大赦，飛表謝，寓和議不便之意，有「唾手燕雲，復讎報國」之語，授開府儀同三司。飛力辭，謂今日之事可危而不可安，可憂而不可賀，可訓兵飭士，謹備不虞，不可論功行賞，取笑敵人。三詔不受，帝溫言獎諭，乃受。會遣士㒟謁諸陵，飛請以輕騎從洒掃，實欲觀釁以伐謀。又奏金人無事請和，此必有肘腋之虞，名以地歸我，實寄之也。檜白帝，止其行。十年，金人攻拱亳，劉錡告急，命飛馳援。飛遣張憲、姚政赴之。帝賜札曰：「設施之方，一以委卿，朕不遙度。」飛乃遣王貴、牛皋、董先、楊再興、孟邦傑、李寶等，分布經略西京汝鄭潁昌陳曹光蔡諸郡；又命梁興渡河，糾合忠義社取河東北州縣；又遣兵東援劉錡，西援郭浩，自以其軍長驅以闞中原。將發，密奏言：「先正國本，以安人心。然後不常厥居，以示無忘復讎之意。」帝得奏大褒其忠，授少保，河南府路陝西河東北路招討使，尋改河南北諸路招討使。未幾，所遣諸將相繼奏捷，大軍在潁昌，諸將分道出戰。飛自以輕騎駐郾城，兵勢甚銳，兀朮大懼。會龍虎大王議，以爲諸帥易與，獨不可當。欲誘致其師，併力一戰。中外聞之大懼，詔飛審處自固。飛曰：「金人伎窮矣！」乃日出挑戰，且罵之。兀朮怒，合龍虎大王，蓋天大王，與韓常之兵逼郾城，飛遣子雲領騎兵直貫其陣。戒之曰：「不勝，先斬汝！」鏖戰數十合，賊屍布野。初兀朮有勁軍，皆重鎧貫以韋索三人爲聯，號拐子馬，官軍不能當。是役也，以萬五千騎來，飛戒步卒，以麻札刀入陣，勿仰視，第斫馬足，拐子馬相連，一馬仆，二馬不能行，官軍奮擊，遂大敗之。兀朮大慟曰：「自海上起兵，皆以此勝。今已矣！」兀朮益兵來，部將王剛以五十騎覘敵，遇之，奮斬其將。飛時出視戰地，望見黃塵蔽天，自以四十騎突戰，敗之。方郾城再捷，飛謂雲曰：「賊累敗，必還攻潁昌，汝宜速援王貴。」既而兀朮果至，貴將遊奕，雲將背嵬，戰于城西。雲以騎兵八百，挺前決戰。步軍張左右翼，繼之，殺兀朮婿夏金吾，副統軍粘罕孛堇，兀朮遁去。梁興會太行忠義及兩河豪傑等，累戰皆捷，中原大震。飛奏：「興等過河，人心願歸朝廷。金兵累敗，兀朮等皆令老少北去，正中興之機。」飛進軍朱仙鎭，距汴京四十五里，與兀朮對壘而陣，遣驍將以背嵬騎五百奮擊，大破之，兀朮遁還汴京。飛檄陵臺令行視諸陵葺治之。先是，紹興五年，飛遣梁興等布德意，招結兩河豪傑，山砦韋銓、孫謀等，斂兵固堡，以待王師。李通、胡清、李寶、李興、張恩、孫琪等舉衆來歸，金人動息，山川險要，一時皆得其實。盡磁、相、開、德、澤、潞、晉、絳、汾、隰之境，皆期日興兵，與官軍會。其所揭旗，以岳爲號。父老百姓爭挽車牽牛，載糗糧以餽義軍，頂盆焚香迎候者，充滿道路，自燕以南，金號令不行。兀朮欲簽軍以抗飛，河北無一人從者，乃嘆曰：「自我起北方以來，未有如今日之挫衄。」金帥烏陵思謀素號桀黠，亦不能制其下，但諭之曰：「毋輕動，俟岳家軍來，卽降。」金統制王鎭、統領崔慶、將官李覬、崔虎、華旺等皆率所部降。以至禁衞龍虎大王下忔查千戶高勇之屬，皆密受飛旗牓，自北方來降。金將軍韓常欲以五萬衆內附，飛大喜，語其下曰：「直抵黃龍府，與諸君痛飲爾！」方指日渡河，而檜欲畫淮以北棄之，風臺臣請班師。飛奏：「金人銳氣沮喪，盡棄輜重，疾走渡河，豪傑向風，士卒用命，時不再來，機難輕失。」檜知飛志銳不可回，乃先請張俊、楊沂中等歸，而後言飛孤軍不可久留。乞令班師。一日奉十二金字牌，飛憤惋泣下，東向再拜曰：「十年之力，廢於一旦！」飛班師，民遮馬慟哭，訴曰：「我等戴香盆，運糧草，以迎官軍，金人悉知之。相公去，我輩無噍類矣！」飛亦悲泣取詔示之曰：「吾不得擅留。」哭聲震野，飛宿五日，以待其徙，從而南者如市。亟奏以漢上六郡閒田處之。方兀朮棄汴去，有書生叩馬曰：「太子毋走，岳少保且退矣。」兀朮曰：「岳少保以五百騎，破五十萬❶，京城日夜望其來，何謂可守？」生曰：「自古未有權臣在內，而大將能立功於外者。岳少保禍且不免，況欲成功乎？」兀朮悟，遂留。飛既歸，所得州縣旋復失之，飛力請解兵柄，不許。自廬入覲，帝問之，飛拜謝而已。十一年，諜報金分道渡淮，飛請合諸帥之兵，破敵。兀朮韓常與龍虎大王疾驅至廬，帝趣飛應援，凡十七札。飛策：「金人舉國南來，巢穴必虛。若長驅京洛以擣之，彼必奔命，可坐而弊。」時飛方苦寒嗽，力疾而行。又恐帝急於退敵，乃奏：「臣如擣虛，勢必得利，若以爲敵方在近，未暇遠圖，欲乞親至蘄黃，以議攻却。」帝得奏大喜，賜札曰：「卿苦寒疾，乃爲朕行，國爾忘身，誰如卿者。」師至廬州，金兵望風而遁，飛還兵于舒以俟命。帝又賜札，以飛小心恭謹，不專進退爲得體。兀朮破濠州，張俊駐軍黃連鎭不敢進，楊沂中遇伏而敗。帝命飛救之，金人聞飛至，又遁。時和議既決，檜患飛異己，乃密奏召三大將論功行賞。韓世忠、張俊已至，飛獨後，檜又用參政王次翁計，俟之六七日。既至，授樞密副使，位參知政事上，飛固請還兵柄。五月，詔同俊往楚州措置邊防，總韓世忠軍還駐鎭江。初，飛在諸將中，年最少，以列校拔起，累立顯功，世忠、俊不能平，飛屈己下之。幕中輕銳，教飛勿苦降意。金人攻淮西，俊分地也，俊始不敢行，師卒無功，飛聞命卽行，遂解廬州圍。帝授飛兩鎭節，俊益恥。楊么平，飛獻俊、世忠樓船各一，兵械畢備，世忠大悅，俊反忌之。淮西之役，俊以前途糧乏，訹飛。飛不爲止，帝賜札褒諭有曰：「轉餉艱阻，卿不復顧。」俊疑飛漏言，還朝反倡言飛逗遛不進，以乏餉爲辭。至視世忠軍，俊知世忠忤檜，欲與飛分其背嵬，飛義不肯，俊大不悅，及同行楚州城，俊欲修城爲備，飛曰：「當戮力以圖恢復，豈可爲退保計？」俊變色。會世忠軍吏景著與總領胡紡言二樞密若分世忠軍，恐至生事，紡上之朝，檜捕著下大理寺。將以扇搖誣世忠，飛馳書告以檜意。世忠見帝自明，俊於是大憾飛，遂倡言飛議棄山陽，且密以飛報世忠事告檜，檜大怒。初，檜逐趙鼎，飛每對客嘆息，又以恢復爲己任，不肯附和議。讀檜奏：「至德無常師，主善爲師」之語，惡其欺罔，恚曰：「君臣大倫，根於天性，大臣而忍面謾其主耶。」兀朮遺檜書曰：「汝朝夕以和請，而岳飛方爲河北圖。必殺飛，始可和。」檜亦以飛不死，終梗和議，己必及禍，故力謀殺之。以諫議大夫万俟卨與飛有怨，風卨劾飛；又風中丞何鑄侍御史羅汝楫交章彈論，大率謂：今春金人攻淮西，飛略至舒蘄而不進；比與俊按兵淮上，又欲棄山陽而不守。飛累章請罷樞柄，尋還兩鎭節，充萬壽觀使奉朝請，檜志未伸也；又諭張俊令劫王貴，誘王貴誣告張憲，謀還飛兵，檜遣使捕飛父子證張憲事。使者至，飛笑曰：「皇天后土，可表此心。」初命何鑄鞫之，飛裂裳以背示鑄，有盡忠報國四大字，深入膚理，既而閱實無左驗，鑄明其無辜，改命万俟卨，卨誣飛與憲書，令虛申探報，以動朝廷，雲與憲書，令措置，使飛還軍，言其書已焚。飛坐繫兩月，無可證者。或敎卨以臺章所指淮西事爲言，卨喜白檜，簿錄飛家，取當時御札藏之，以滅迹。又逼孫革等證飛，受詔逗遛。命評事元龜年取行軍時日雜定之。傳會其獄。歲暮，獄不成，檜手書小紙付獄，卽報飛死。時年三十九，雲棄市，籍家貲，徙家嶺南，幕屬于鵬等從坐者六人。初飛在獄，大理寺丞李若樸何彥猷大理卿薛仁輔並言飛無罪，卨俱劾去。宗正卿士㒟請以百口保飛，卨亦劾之，竄死建州。布衣劉允升上書訟飛寃，下棘寺以死。凡傅成其獄者，皆遷轉有差。獄之將上也，韓世忠不平，詣檜詰其實，檜曰：「飛子雲與張憲書雖不明，其事體莫須有。」世忠曰：「莫須有三字，何以服天下？」時洪皓在金國中，蠟書馳奏，以爲金人所畏服者惟飛，至以父呼之，諸酋聞其死，酌酒相賀。飛至孝，母留河北，遣人求訪，迎歸，母有痼疾，藥餌必親，母卒，水漿不入口者三日。家無姬侍，吳玠素服飛，願與交驩，飾名姝遺之。飛曰：「主上宵旰，豈大將安樂時！」却不受，玠益敬服。少豪飲，帝戒之曰：「卿異時到河朔，乃可飲。」遂絕不飲。帝初爲飛營第，飛辭曰：「敵未滅，何以家爲。」或問天下何時太平？飛曰：「文臣不愛錢，武臣不惜死，天下平矣。」師每休舍，課將士注坡跳壕，皆重鎧習之，子雲嘗習注坡，馬躓，怒而鞭之。卒有取民麻一縷以束芻者，立斬以徇，卒夜宿，民開門願納，無敢入者，軍號凍死不拆屋，餓死不擄掠。卒有疾，躬爲調藥，諸將遠戍，遣妻問勞其家。死事者哭之而育其孤，或以子婚其女，凡有頒犒，均給軍吏，秋毫不私。善以少擊衆，欲有所舉，盡召諸統制與謀，謀定而後戰，故有勝無敗。猝遇敵不動，故敵爲之語曰：「撼山易，撼岳家軍難。」張俊嘗問用兵之術，曰：「仁、智、信、勇、嚴，闕一不可。」調軍食，必蹙額曰：「南東民力耗敝極矣。」荆湖平，募民營田，又爲屯田，歲省漕軍之半。帝手書曹操、諸葛亮、羊祜三事賜之，飛跋其後，獨指操爲姦賊而鄙之，尤檜所惡也。張所死，飛感舊恩，鞠其子宗本，奏以官。李寶自楚來歸，韓世忠留之，竇痛哭願歸飛，世忠以書來訟，飛復曰：「均爲國家，何分彼此。」世忠嘆服。襄陽之役，詔光世爲援，六郡既復，光世始至，飛奏先賞光世軍。好賢禮士，覽經史，雅歌投壺，恂恂如書生。每辭官，必曰：「將士效命，飛何功之有？」然忠憤激烈，議論指正，不挫於人，卒以此得禍。檜死，議復飛官，万俟卨謂金方願和，一旦錄故將，疑天下心，不可。及紹興末，金益猖獗，太學生程宏圖上書訟飛冤，詔飛家自便。初，檜惡岳州同飛姓，改爲純州，至是仍舊。中丞汪澈宣撫荊襄，故部曲合辭訟之，哭聲雷震，孝宗詔復飛官，以禮改葬，賜錢百萬，求其後悉官之。建廟於鄂，號忠烈。淳熙六年，諡武穆。嘉定四年，❷追封鄂王。五子雲、雷、霖、震、霆。

論曰：「西漢而下，若韓彭絳灌❸之爲將，代不乏人，求其文武全器，仁智並施，如宋岳飛者，一代豈多見哉！史稱關雲長通春秋左氏學，然未嘗見其文章。飛北伐，軍至汴梁之朱仙鎭，有詔班師，飛自爲表答詔，忠義之言，流出肺腑，眞有諸葛孔明之風，而卒死於秦檜之手。蓋飛與檜勢不兩立，使飛得志，則金讎可復，宋恥可雪。檜得志，則飛有死而已。昔劉宋殺檀道濟❹，道濟下獄瞋目曰：『自壞汝萬里長城！』高宗忍自棄其中原，故忍殺飛！嗚呼冤哉！嗚呼冤哉！

❶「破五十萬」，乃「破吾十萬」之誤。

❷「嘉定四年追封鄂王」，乃「嘉泰四年」之誤，「定」應爲「泰」，按岳珂撰「金佗粹編」錄有嘉泰四

年追封鄂王原始文告。

❸「韓、彭、絳、灌」，乃指韓信、彭越、周勃、灌嬰四人：⑴韓信——淮陰人，與蕭何、張良，稱漢三傑。初由楚歸漢，信走去，何自追之，曰：「諸將易得，如信國士無雙，必欲定天下，非信無可與計事者。」高祖定天下，信功最多。及齊平，封信為齊王。將兵會垓下，項羽死，高祖又封信為楚王，後有告信謀反，高祖縛之至洛陽，赦為淮陽侯，卒為呂后所殺。⑵彭越——漢初功臣，初事楚後歸漢，多建奇功，天下定封梁王。⑶周勃——佐漢高祖定天下，封絳侯，呂氏之叛，誅諸呂，迎文帝即位，漢室以安，卒諡武侯。⑷灌嬰——從高祖定天下，封潁陰侯，後與周勃平諸呂，共立文帝，以功進太尉，尋為丞相。

❹檀道濟——從南朝宋武帝伐秦，文帝伐魏，所向有功，官至司空。以威望重，朝廷疑畏，文帝疾篤，彭城王義康召入朝，收而誅之；道濟脫韜髮之巾投地曰：「乃壞汝萬里長城！」遂被誅。

五、家屬簡表暨母妻同受國葬紀要

武穆後裔，早有「岳氏宗譜」亦即「金佗宗譜」或稱「金佗祠事錄」，以誌其詳。作者曾於湯陰岳氏宗祠閱覽及之，依據岳氏宗譜列其家屬簡表如下：

鄂王岳武穆
夫人李氏（封正德夫人加封楚國夫人）

- 長子雲（任左武大夫追封繼忠侯）——男二：甫、申；女一：大娘。
- 次子雷（任忠訓郎追封紹忠侯）——男四：經、緯、綱、紀；女二：二娘、三娘。
- 三子霖（任知欽州追封纘忠侯）——男三：琮、琛、珂、（丹陽縣志載：尚有四子名璽居丹陽）
- 四子震（任朝奉大夫提舉江南東路常平茶鹽公事追封緝忠侯）
- 五子霆（任修武郎追封續忠侯）
- 長女安娘（婿高祚，封承信郎）
- 季女銀瓶（十三歲，痛父兄死于非命，投井死。）

湯陰祖籍岳氏後裔，今存「家廟紀略」，原文錄下：

「家廟紀略（湯陰岳氏宗祠）

岳忠武二十世孫奉祀生復進補廩膳生員官俊序

二十一世孫奉祀生復進武生芝校

二十二世孫奉祀生復進選拔貢生重光續刻

我祖鄂國忠武王，功侔宇宙，義冠乾坤，讐奸矯詔，四海蒙寃。迨金佗既定，王之孫鄴侯諱珂詣闕籲寃，宋孝宗始詔還家屬，褒封後裔，勅有司建祠旌忠，一時士民，感王之惠澤既深，咸赴闕呈請，願建立祠宇，以報王德，詔允其請，繇是寰區之內，凡王師行撫綏之地，在在皆興。歷朝春秋致祭，民間四時瞻仰，類有黃緇侍奉香火，炳然與宣聖、關帝、鼎立宇內，而並享俎豆，其興建修葺，乃當世賢士大夫之責。至有御賜扁額，爲吾宗家廟者有三：一在河南彰德府湯陰縣城內，一在浙江杭州府錢塘門外棲霞嶺之陽，一在湖廣武昌府賓陽門外洪山之右。蓋我先王生於相，封於鄂，薨於杭，故斯三祠，雖亦有司祭享其間，奉祀修葺，本宗賢子孫不能辭其責。數百年來，興廢不一，代遠世湮，無從詳核，今以國朝康熙年間修葺奉祀名裔，謹列於左，以備考。

奉祀

繼忠

紹忠

永印

永盛恩襲守備

光祖

嵩秀

官俊

芝

重慶改名重光

開第

現在湯陰武穆後裔於抗日戰爭勝利後已傳至二十九世，玆以第二十七世孫岳佐臣先生於抗戰期間義不事敵之事實爲例，述之於後，以見武穆後裔忠於國家民族思想之傳統家風：

二十六年日寇入侵，蘆溝橋事變「七、七」抗戰軍起，我中華兒女在偉大領袖先總統　蔣公（時任軍事委員會委員長）領導之下，對敵實施長期抗戰，爭取最後勝利，二十七年春，武穆故里——河南省湯陰縣，不幸淪落敵手。

縣城淪陷時，我政府機構負責人員以及知識青年均照旣定計劃轉移縣西邊境太行山麓鶴壁鎭、姬家山與施家溝、石門、高洞溝一帶，繼續從事敵前或敵後工作。武穆二十七世孫岳佐臣亦同時逃避敵患，移居山區鄉間。

岳先生體弱多病，且有多年吸食鴉片嗜好，頗不慣於避難之流離生活，在其極端困苦之時，敵人在縣城籌組地方僞組織維持會，以爲推行僞政權之工具。認爲岳佐臣先生乃武穆後裔，在地方尚有聲名，更以渠有鴉片嗜好，體弱多病，志必不堅，當易於引誘控制，實屬最適宜之僞組織負責人選。

敵意如此決定後，卽遣人馳往鄉間說明此意，並勸迅速回城，岳先生以體弱爲由，嚴予拒絕，使者悵然而返。

敵人獲悉岳先生不願歸城擔任僞職後，以爲使者說明不詳，未將優遇條件予以說明引誘所致，乃正式寫一書函，復着人持訪，函中列述如允擔任僞職，可以給與每月固定高額薪津，並無限制免費供應吸食鴉片，在一縣之中，居高位，享高權。勸速回城，擔任僞職。

岳先生閱信之後，極爲氣憤，仍以體弱多病不能回城相推辭，使者察顏觀色，知其堅不相從，乃回告敵酋，謂岳先生非可利誘，強其相從。敵酋聽後極端不滿，乃再寫一信，說明如仍堅不回城，擔任僞職，則將毀其宗祠，並沒收其全部家祠財產，措施嚴厲，限卽時答覆，極盡危脅之能事。

岳先生讀信之後，沉思盡日，親筆回敵一函，說明可以回城，唯須允諾下列兩項條件：第一、先祭宗祠，一切禮儀悉照以往每年農曆二月十五日岳忠武王誕辰祭典儀式，陳設祭品，恭讀祭文。第二、祭典之後，由敵酋於縣政府正堂（按卽大禮堂）盛設宴席，正式歡迎。

敵酋閱其來信，認爲旣允回城，擔任僞職，乃威脅目的已達，卽與答覆對所提條件，完全照辦。

岳先生繼之擇日回城，敵酋果照其意，先以隆重嚴肅之儀，祭祀宗祠，祭畢，盛大歡迎，於縣府原址正堂設宴數席，敵僞高級人員及所安排參與僞組織之脅迫人員均行參加。

宴席之間，敵酋示意岳先生正式宣佈就職，岳先生鄭重莊嚴而起立曰：「我不能就職！」敵酋忿怒異常斥責之曰：「爲什麼不能就職？快說！快說！」岳先生不以言語回答，先舉左手，後舉右手在左手掌中寫一「岳」字，敵酋詢是何意思？岳先生答：「我姓這個『岳』字，我們岳家子孫，受先祖教訓，頭可斷，血可流，不能作出有違背先祖精忠報國的精神，不忠於國家民族的事情！」接着說：「我已祭過宗祠，禱告先祖佑我子孫，現在雖死無憾。」敵酋聽後大受感動，呼率羣僚一致起立，向岳先生立正敬禮，認爲不愧爲民族英雄後裔，再不強其擔任僞職，更書之作爲作戰備忘錄呈其高級指揮部說明此項經過，認爲「中華民族不可亡」，「侵華戰爭非用武力所可屈服」。

此爲我民族英雄岳武穆後裔永持其傳統「精忠報國」精神的一則眞人實事。

又岳飛追復原官後，夫人同追復楚國夫人。母姚太夫人生前蒙高宗初封魏國夫人，壽終時復加贈周國夫人。賜葬江州（今九江），令鄂守協辦喪事，於賻贈常典之外，加贈銀一千兩，絹一千四。夫人李氏壽終時，孝宗亦予賜葬。

玆錄孝宗在紹興三十二年十月十八日復岳夫人楚國夫人文告如次：

「榮悴有時而不同，忠邪旣久而自判。昔飛以豢車絺冕，備大將之多儀；而李以文駟雕軒，正小君之顯號。繫疆宗之鼎盛，何奇禍之驟興？殆玆天定之時，宜爾邦誣之辨。前楚國夫人李氏，柔潔以爲質，儉勤而自修，處安榮不聞驕妒之愆，居患難不改幽閑之操，闔門遠徙，閱歲屢遷。眷念前朝旣下生還之命，志伸今日，再加甄敍之封。錫以土田，爲其湯沐，子孫並仕，顧惟晚歲以何憂？門戶再興，尙識大恩之所至！可特復楚國夫人。」

母姚太夫人及其夫人同受國家賜葬：母葬於今九江之株嶺山，妻葬於今九江之太陽山。據九江府志載述，李夫人墓，在今九江縣（宋德化縣）白鶴鄉太陽山之麓，去姚太夫人賜塋約十里。現因地名更易，道路變遷，實在九江縣黃金鄉之山口橋，去姚太夫人賜塋約五里，去縣治南約四十里。其地環峯面日，形勢頗佳，係淳熙二年（一一七五年）孝宗賜葬。明嘉靖間因宸濠倡亂，居民星散，岳氏子孫，逃避無存，其墓遂爲陳姓淹沒，且於嘉靖十年（一五三一年）盜葬其先人陳崖叟於其上，因之岳陳二姓構訟百年以上，各執一詞，久未能結。乾隆五年（一七四〇年）由巡道李根雲知府施廷翰知縣景師毅定案：略以陳崖叟之墳，盜葬已久，免其起遷，即於陳墓之上，三丈以內，砌築拜臺，狀如壇壝，豎立李夫人墓碑，以爲神依之所。並由道府縣守土各官列銜，聲敍原委，另鐫一石，豎立墓側，永禁岳陳二姓再添葬並擅伐樹木，此案遂結。現拜台久已傾圮，惟墓石及聲敍碑尚存。墓石文爲：「宋岳忠武王夫人李氏之墓」，聲敍碑在墓石之左，對於夫人墓地，辨證極詳，凡此均足見李夫人壽終與墓地之所在。

六 遺作選錄與著作時地考註

武穆文崇諸葛，字效眉山（蘇洵、蘇軾、蘇轍父子均眉山人，軾工書法），所作文字，如詩、詞、歌、題記、檄、書等甚多，茲摘要選錄，並依查考所及，分註其寫作之時間與地點。

（一）詩

贈張完

無心買酒謁青春，對鏡空嗟白髮新，
花下少年應笑我，垂垂羸馬訪高人。

張完韻答

相別相逢不記春，眼前非舊亦非新，
聲求色相皆虛妄，莫認無疑是昔人。

按：宜興縣南六十里之張渚鎭，爲武穆勝敵於廣德，解圍宜興後，整軍與進軍時，常寓之處。據趙彥衛雲麓漫抄謂：「宜興張氏圃，臨水號桃溪。岳侯曾館其家，題名廳事，後被陷，其家慮及禍，洗去，隱隱猶見。」又據桃溪客語謂：「建炎四年（一一三〇年即武穆二十八歲之年），王駐軍宜興，館張大年家，贈張完絕句。」現張渚鎭張氏祠堂存右詩石碑，註有「大淸康熙歲次丙申仲冬長至日勒石」字樣，並經武穆二十三世孫元澍元儼加以註解。

題鄱陽湖龍居寺

巍石山前寺，林泉勝復幽，紫金諸佛像，白雪老僧頭，潭水寒生月，松風夜帶秋，我來囑龍語，爲雨濟民憂。

按：紹興元年（一一三一年）二月至鄱陽與張俊合兵，討劇賊李成時作。

題驟馬岡

立馬林岡豁戰眸，陣雲開處一溪流，機舂水沚猶傳晉，黍秀宮庭孰憫周。南服只今殲小醜，北轅何日返神州，誓將七尺酬明聖，怒指天涯淚不收。

題翠巖寺

秋風江上駐王師，暫向雲山躡翠微，忠義必期淸塞水，功名直欲鎭邊圻。山林嘯聚何勞取，沙漠羣兇定破機，行復三關迎二聖，金酋席捲盡擒歸。

按：以上二詩所指地點，均在南昌附近，乃於紹興元年（一一三一年）討平李成諸寇後，駐軍南昌作。

題雩都華嚴寺

手扶竹杖訪黃龍，舊穴空遺虎子蹤，雲鎖斷巖無覓處，半山松竹撼秋風。

題新淦伏魔寺壁

膽氣堂堂貫斗牛，誓將直節報國仇，斬除元惡還車駕，不問登壇萬戶侯。

按：以上二詩爲紹興三年（一一三三年）進討羣寇於贛、粵、湘、桂交錯地區軍次之作。伏魔寺舊址在江邊，今移建山中，石刻仍存。

寄浮屠慧海

湓浦廬山幾度秋，長江萬折向東流，男兒立志扶王室，聖主專征滅虜酋。功業要刊燕石上，歸休終伴赤松遊，叮嚀寄語東林老，蓮社從今着力修。

按：慧海爲廬山東林寺住持，紹興四年（一一三四年）金齊入寇，帝詔親征，武穆由鄂東下應援，過江州而達池州，途次寄詩。

題池州翠光寺

愛此倚欄杆，誰同寓目閒，輕陰弄晴日，秀色隱空山。島樹蕭疏外，征帆杳靄間，余雖江上老，心羨白雲還。

題池州翠微亭

經年塵土滿征衣，特特尋芳上翠微，好水好山看不足，馬蹄催趁月明歸。

按：翠微亭乃紀念唐異人許宣平之亭，許氏新安（今徽州）歙縣人，隱於城陽山，結茅以居，鬢長及臍，行如奔馬，太極拳南派之宗（北派張三丰）。常獨吟曰：「負薪朝出賣，沽酒日西歸，若問家何處？穿雲入翠微」。

武穆以上二詩，可能作於紹興五年（一一三五年）二月自池州（今貴池）入朝以前。浙江通志云：「韓世忠逍遙湖上，最愛靈隱山，建翠微亭於中。」蓋憶武穆此詩亦引痛也。

送紫巖張先生北伐

號令風霆迅，先聲動北陬，長驅渡河洛，直搗向燕幽。馬喋閼氏血，旗梟可汗頭，歸來報明主，恢復舊神州。

按：紫巖張浚別號，曾視師江上，故云北伐，杭州棲霞廟中存武穆手書此詩摹刻，旁大書「紹興五年秋」五字，後有桑悅跋。實則張浚視師江上在紹興四年十一月，本詩當係作於紹興四年。

從駕游內苑應制

敕報游西內，春光靄上林，花圍千朵錦，柳撚萬株金。燕繞龍旂舞，鶯隨鳳輦吟，君王多雨露，化育一人心。

按：作於紹興六年（一一三六年）二月九日，詳見正編第十四章第四節。

附：聯　句

㈠贈方逢辰句

日月却從閒裏過，功名不向懶中求。

按：文集註曰：「按逢辰，字居錫，又字蛟峯。」

㈡嘗題聯句

男兒欲到凌煙閣，第一功名不愛錢。

按：唐太宗圖功臣於凌煙閣。

㈢刺繡於袍之句

誓作中興臣，必殄金賊主。

按：武穆持志，誓與賊不兩立，在戰袍中刺繡此句，以自惕勵。

㈣題許褚像

至德顯忠，繩先啓後。

按：許褚字仲康，三國時曹操將，屢出操於危。

（二）詞

滿江紅本意詞

怒髮衝冠，凭欄處瀟瀟雨歇。抬望眼（一作眼望），仰天長嘯，壯懷激烈。三十功名塵與土，八千里路雲和月。莫等閒白了少年頭，空悲切！靖康耻，猶未雪；臣子恨，何時滅？駕長車踏破賀蘭山缺！壯志饑餐胡虜肉，笑談渴飲匈奴血！待從頭收拾舊山河，朝天闕。

按：該詞作於何時何地，根據史料考證，首當研究者如下：

一、從「三十功名塵與土」這句話，可以曉得是他在三十歲這一年或三十歲前後有所感而作；

二、從「八千里路雲和月」這一句，說明了他作時，不分寒暑晝夜，抗敵禦侮征程經過已有八千里；

三、從「瀟瀟雨歇」這一句，可以曉得他是作在多雨之時。

以上三點都可從史傳中得到證實：

一、武穆三十歲時爲西元一一三二年（宋紹興二年），此年三十歲乃其虛數，實歲二十九歲。因在他馳援杭州，勝敵廣德，解圍宜興，光復南京以後，又進軍贛、粵、湘省邊區剿平內寇，堅苦卓絕，戰功昭著，成爲安內攘外的主力。當年六月奉高宗命駐軍江州（今江西九江），擴編整訓，次年（一一三三年），奉召入朝（卽由九江到杭州），武穆於九月十三日覲見高宗，命繫金帶上殿，撫勞再三，除賞賜衣甲、馬鎧、弓箭各一副，金線戰袍、金束帶、戰刀、銀纏槍、戰馬海皮鞍各一外，並賜御書「精忠岳飛」旗，此卽「精忠旗」的由來。武穆受此殊榮以後，在九月十五日又奉詔授鎭南軍承宣使，充江南西路舒蘄州制置使。於九月二十四日正式置司江州（九江）。與劉光世（池州）、韓世忠（鎭江）、王𤫊（鄂州）諸將平行，同時分別置署各地。此乃岳武穆直接受中樞指揮，有單獨發號司令權的開始，此年實歲是三十歲，虛歲三十一，因責任重大，身受殊榮，感動深切，作成了雄壯無比的「滿江紅」詞。

二、武穆自二十歲離湯陰程崗村故里，初到正定從軍，然後隨軍經冀北、魯西、至南邱，再北返由河北經滑縣、新鄉、鞏縣、開封、南下至南京。杜充棄守南京後，武穆獨引所部勝敵於廣德、宜興，並光復南京。繼復從湖口沿贛江進入贛南、粤、湘邊區剿匪；再由九江赴杭州入朝。計其行程，足逾八千里。故在詞中有「八千里路雲和月」之句。

三、查其置司江州（九江），是在一一三三年（紹興三年）九月二十四日，適逢秋季，當地多雨，故在詞中有「瀟瀟雨歇」之句。

根據以上查考，可知「滿江紅」詞是在公元一一三三年（宋紹興三年）秋季九月下旬作於九江。

又「詞」乃韻文，因爲韻文約分六類：(一)賦頌；(二)哀誄、祭文；(三)箴銘；(四)占繇；(五)古今體詩；(六)詞曲。「詞」是韻文的一體，考其沿革，雖初見於六朝，然實滋長於唐代，源流既遠，宮調音律，繁複錯綜，逈非一蹴而能窺其堂奧。到了宋朝，由於文學名家如張先、晏殊、柳永、蘇軾、周邦彥等，都是通曉音律，按宮製譜，創格立腔，各體具備，因之詞的領域，特於彼時，大放異彩，宋「詞」在中國文學史上乃生地位。

詞重詞律，論其格調，則有以下區別：

——五十八字以內爲小令。

——五十九字至九十字爲中調。

——九十一字以上爲長調。

五代以前，小令居多，北宋以後，長調盛行。至於調的變遷，唐初是五音二十八調，天寶以後，舊曲存者六十四調。到了清代「欽定詞譜」所收者已達八百二十六調，三千三百零六體。「滿江紅」是其中的一例。

「滿江紅」原列夷則宮仙呂調，自岳飛之作問世後，凡忠臣志士，感愴時事，殷憂愛國者，多選岳詞調韻，因而特別揚播，不分老幼，多能讀唱，形成「滿江紅」一調，雖非創自岳飛，然自岳飛振轉千古作風，以詞表達壯懷激烈的報國志節，使「滿江紅」與精忠報國發生聯想作用，創民族文化史的奇蹟，爲先總統　蔣公遺訓「復興民族文化」樹歷史上的範例。

岳飛此詞有其創作的時代背景，在中國文化史與抵禦外侮史上有重大的影響與貢獻，就當前時代意識來說，原詞中所稱「匈奴」、「胡虜」，社會大衆都能體認是泛指外患敵寇。且考岳飛作詞於西元一一三三年（宋紹興三年），當時外敵係女眞，與蒙古無關，邊疆史權威學者李符桐教授考證有說：「至西元八十九年北匈奴爲竇憲擊敗後西遷，已漸脫離中國史局。」更足瞭解岳飛詞中所稱「匈奴」、「胡虜」係指敵寇而與蒙古或其他任何地方無涉。是以今日讀唱此一歷史文獻，自然不生牴觸　國父遺教五族共和之虞。

岳飛「滿江紅詞」傳世以來，已歷元、明、清朝，在人的心目中多認爲是「激發愛國情操」

與「自立自強」的最佳作曲，是以無分朝代，到處流傳歌唱。我們現任的總統蔣經國先生在任中國青年反共救國團主任時，為了勉勵青年效法岳飛精忠報國精神，矢志光復大陸，「還我河山」，曾在花蓮「鄂王亭」前領導千人合唱「滿江紅」（見六十七年九月二十八日中央日報陳立夫先生專論），確是具有特殊意義的。

登黃鶴樓有感（調寄滿江紅）

遙望中原，蒼煙外許多城郭。想當年，花遮柳護，鳳樓龍閣，萬壽山前珠翠繞，蓬壺殿裏聲歌作；到而今，鐵騎滿郊畿，風塵惡。兵安在？膏鋒鍔！民安在？塡溝壑！嘆江山如故，千村寥落，何日請纓提勁（一作銳）旅？一鞭直渡（一作指）清河洛！待歸來再續漢陽游，騎黃鶴。

按：紹興四年（一一三四年）武穆引軍光復襄陽六郡後，八月二十五日特封武昌縣開國子，任清遠軍節度使，湖北路荆襄潭州制置使，本詞可能係在是時作於武昌。

小重山詞

昨夜寒蛩不住鳴，驚回千里夢，已三更，起來獨自繞階行。人悄悄，簾外月朧（詞綜作矓）明。白首為功名。舊山松竹老，阻歸程。欲將心事付瑤琴，知音少，絃斷有誰聽？

按：依詞意觀之，作時當較安閒。考武穆生平每年均有戰役，祇在紹興九年（一一三七）比較安閒，可能於是時作於武昌，或當年十月入覲途次。

（三）歌

贈吳將軍寶刀歌

我有一寶刀，深藏未出韜，今朝持贈南征使，紫蜺萬丈干青霄，指海海沸騰，指山山動搖，鮫鱷潛形百怪狀，虎豹戰服萬鬼號，時作龍吟似懷恨，得刀盡勦諸天驕。蠢爾蠻蜒弄竿梃，倏聚倏散如羣猱，使君拜命仗此往，紅鑪熾炭燎氄毛，奏凱歸來報天子，雲台麟閣高嶕嶢。噫嘻！平蠻易，自治勞，卒犯市肆，馬躪禾苗，將耽驕侈，士狃貪饕，虛張囚馘，妄邀金貂，使君一一試此刀，能令四海風塵消，萬姓鼓舞歌唐堯。紹興四年二月十日書贈吳將軍南行。飛。

按：紹興三年以吳全吳錫軍隸武穆，惟四年二月前全已卒，此歌自署四年二月，所贈歌者，當係吳錫，作於屯居九江之時。湯陰精忠廟存武穆手書此歌眞蹟石刻。

（四）題記

題廣德軍金沙寺

余駐大兵宜興，沿幹王事過此。陪僧僚，謁金仙，徘徊暫憩，遂擁鐵騎千餘，長驅而往。然俟立奇功，殄醜虜，復三關，迎二聖，使宋朝再振，中國安強，他時過此，得勒金石，不勝快哉！建炎四年四月十二日河朔岳飛題。

按：安徽廣德鄰接江蘇宜興。

壁題五嶽祠盟記

中原板蕩，夷狄交侵，余發憤河朔，起自相臺，總髮從軍，歷二百餘戰，雖未能深入荒夷，洗蕩巢穴，亦且快國讎之萬一。今又提一旅孤軍，奮起宜興，建康之城，一鼓敗虜，恨未能使匹馬不回耳。故且養兵休卒，蓄銳待敵，嗣當激勵士卒，功期再戰，北踰沙漠，喋血虜廷，盡屠夷種，迎二聖，歸京闕，取故地，上版圖，朝廷無虞，主上奠枕，余之願也。河朔岳飛題。

按：此乃克復南京後重歸宜興時題，其時當在建炎四年（一一三〇年）五月下旬或六月上旬。

題張氏園壁

近中原板蕩，金人長驅，如入無人之境，將帥無能，不及長城之壯，余發憤河朔，起自相臺，總髮從軍，大小二百餘戰，雖不及遠涉遐荒，亦足快國事之萬一。今又提一壘孤軍，振起宜興，建康之城，一舉而復。今且休兵養卒以待，如或朝廷見念，賜予器甲，使之完備，頒降功賞，使人蒙恩，卽當深入虜庭，迎二聖復還京師，取故地再上版籍。他時過此，勒功金石，豈不快哉！此心一發，天地知之，知我者知之！建炎四年六月望日河朔岳飛書。

題東松寺壁

余自江陰軍提兵起發，前赴饒郡，與張招討會合，崎嶇山路，殆及千里。過祁門西約一舍餘，當途有庵一所，問其僧曰東松，遂邀後軍王團練，並幕僚隨喜焉，觀其基址，乃鑿山開地，創立廊廡，三山環聳，勢凌碧落，萬木森鬱，密掩煙霓，勝景瀟灑，實爲可愛。所恨不能款曲，進程遄速，俟他日殄滅盜賊，凱旋回歸，復得至此，即當聊結善緣，以慰庵僧。紹興改元仲春十有四日，河朔岳飛題。

按：張招討卽張俊，王團練卽後來爲秦檜張俊所利用告變之王鵰兒名俊。

永州祁陽縣大營驛題記

權湖南帥岳飛，被旨討賊曹成，自桂嶺平蕩巢穴，二廣湖湘，悉皆安妥。痛念二聖，遠狩沙漠，天下靡寧，誓竭忠孝，賴社稷威靈，君相賢聖，他日掃蕩胡虜，復歸故國，迎兩宮還朝，寬天子宵旰之憂，此所志也。顧蜂蟻之羣，豈足爲功。過此因留於壁。紹興二年七月初七日。

（五）檄

奉詔移僞齊檄

契勘僞齊僭號，竊據汴京，舊忝臺臣，累蒙任使。是宜執節效死，圖報國恩；乃敢背棄君父，無天而行。以祖宗涵養之澤，翻爲仇怨，率華夏禮義之俗，甘事腥羶。紫色餘分，擬亂正統，想其面目，何以臨人！方且妄圖襄漢之行，欲窺川蜀之路，專犯不韙，自速誅夷！我國家厄運已銷，中興在卽，天時既順，人意悉諧，所在皆賈勇之夫，思共快不平之忿。今王師已盡壓淮泗，東過海沂，驛騎交馳，羽檄疊至。故我得兼收南陽智謀之士，提大河忠孝之人，仗義以行，乘時而動。金洋之兵出其西，荊湖之師繼其後，雖同心一德，足以呑彼國之梟羣，然三令五申，豈忍殘吾之赤子？爾應陷沒州縣官吏民等，元非本意，諒皆脅從，屈於賊威，歸逃無路。我今奉辭伐罪，拯溺蘇枯，惟務安集，秋毫無犯。倘能開門納款，肉袒迎降，或願倒戈以前驅，或列壺漿而在道，自應悉仍舊貫，不改職業，盡除戎索，咸用漢條。如或執迷不悟，甘爲叛人，嗾桀犬以吠堯，冒獵師而哭虎，議當躬行天罰，玉石俱焚，禍並宗親，辱及父祖，掛今日之逆黨，連千載之惡名，順逆二途，蚤宜擇處。兵戈旣逼，雖悔何追，謹連黃榜在前，各令知悉！

按：作於紹興七年（一一三七年）三月。駐屯襄陽之時。

（六）書

致某學士啓

飛咨目啓上通判學士：卽日伏維起居佳勝，承惠翰慰感，尙阻披晤，願言加嗇，以俟寵渥，凡百切幾，勉力王事爲望不宣。飛咨目再行。

答某學士啓

判通閣下學士：飛已至洪井累日，只候營寨了，便如長沙矣。此有所需示及，飛再行。

按：紹興二年（一一三二年）屯洪州（今南昌）時作，洪井在散原山西北，水經注：「洪井飛流，懸注無底」卽是。

再復某學士啓

平敵亭記甚佳，可勒誌石；但過情之譽爲多，豈疏拙所宜當，悚仄悚仄，飛再行。

致某郎中書

飛咨目頓首再拜奉使郎中台座：卽日伏維使事豐暇，神明靖相，台候動止萬福。比至豫章，獲奉教益，不勝慰幸！歸司袞袞多事，未果上狀，以浣記室，良負愧怍！近來本軍錢糧闕乏之甚，今專令幹官張大夫見曾漕面懇，因行略此候問，幸恕滅裂，不由參見，惟幾爲國保重，卽膺峻擢不宣。飛咨目頓首再拜，奉使郎中台座。

按：眞蹟摹刻杭州棲霞廟石，可能作於紹興元年。

書簡十一帖

宋鄂王文集註云：「內十帖行書，第三帖楷書，第一第三第四第十一帖各八行，第二第八帖各三行，第五帖六行，有內外封各一。第六帖十二行，第七帖九行，第九第十帖各七行，第九帖首數行紙爛不存。」

飛惶恐再拜：飛愚陋無堪備數，玆者，仰遵聖算，招捕湖寇；幸於期月之間平靜，亦賴餘芘所及耳。遽辱寵問，過蒙推借，祇益感慚而已。伏惟幸察！飛惶恐，再拜。

又

台閎寶眷，伏惟上下萬福。飛僭易上問。

又

飛頓首再拜：上啓安撫制置侍郎台座，卽日伏惟坐鎭之暇，陰有神相，萬福千祿，來護興寢。謹拜啓承候不宣，飛頓首再拜。上啓安撫制置侍郎台座。

又

飛咨目再拜：知縣宣教，卽日伏惟裁剸多暇，尊候萬福！未由披晤，願言加嗇，以俟殊顯不宣。飛咨目再拜。知縣宣教執事。

又

飛再拜：承惠翰感慰！此得元樞劄子，令回師貴池，至建康議事。撥冗奉謝崖略，幸冀郡諒。飛再拜。咨目再拜知縣宣教飛謹封。

咨目上無爲知縣宣教鎭南軍承宣使充湖北路荆襄潭州制置使岳飛謹外封。

又

飛咨目啓上，卽日伏惟倅貳多暇，神相有休。尊履禔福，承惠翰感慰！飛始生之日，遠辱爲禮，益荷勤意也。襄陽邊城，全務撫蘇凋瘵，戢姦吏也。凡事務力以赴功名，至望至望！餘希加愛不宣。飛咨目再拜。襄陽通判學士。

又

飛咨目啓上通判學士：即日伏惟尊候萬福，介來承惠翰，感慰之至！飛前日還自行朝，乍歸迫行，冗不可言。襄陽葺治，想成次第。尚冀勉力，甚善！餘惟眠食加重不宣。

又

飛咨目再拜通判學士閣下：公改承務郎告，今專人送去，布眎之。飛再拜。

又

鈞候動止萬福，未由參晤；伏冀爲國倍保崇重。前膺召還，以副中外之望。謹拜狀承詢不宣。飛咨目頓首再拜。上啓大安撫參政相公鈞座。

又

飛頓首拜：飛受寄上流，區區無補。過辱謙光，特貽教翰。佩服鈞意，何以爲喻！使旋裁報，不究所蘊。伏冀高明，有以照察。幸甚幸甚！飛頓首再拜。

又

飛頓首再拜：奉違鈞範，倏爾許時。瞻念之懷，未嘗少忘。伏蒙鈞諭趨朝，飛未得指揮，尚冀欲聞，他有所委，幸乞示下！飛頓首再拜。

（七）跋

跋御書屯田三事

按：高宗御書屯田三事原文如下：

「曹操嘗苦軍食不足，羽林監潁川棗祇建置屯田，於是以任俊爲典農中郎將，募百姓屯田於許下，得穀百萬斛，郡國例置田官，數年之中，所在積粟，倉廩皆滿。」

「諸葛亮與司馬宣王對於渭南，每患糧不繼，分兵屯田，爲久駐之基，耕者雜於渭濱居民之間，而百姓安堵，軍無私焉。」

「羊祜都督荊州諸軍事，率營兵出鎭南夏，開設庠序，綏懷遠近，甚得江漢之心，吳石城守去襄陽七百餘里，每爲邊害，以詭計令吳罷守，於是戍邏減半，分以墾田八百餘頃，大獲其利，祜之始至也，軍無百日之糧，及至季年，有十年之積。」

武穆跋其後曰

「臣聞先正司馬光有言：『德勝才謂之君子，才勝德謂之小人。論人者能審於才德之分，則無失人矣。』曹操募百姓屯田許下，所在積粟。諸葛亮分兵屯田，而百姓安堵。羊祜懷遠近，得江漢之心，亦以墾田獲利。若三子者，知重本務農，使兵無艱食，其謀猷術略，皆不在人下，才有足稱者。然操酷虐變詐，擥申商之法術；雖號超世之傑，豈正直中和者所爲乎？許劭謂清平之姦賊，亂世之英雄，其德有貶云。亮開誠心，布公道，邦域之內，畏而愛之。祜增修德言，以懷柔初附，則德過於操遠矣。觀亮素志，欲龍驤虎視，包括四海，以興漢室，天不假以年，遽有渭南之恨。祜輔晉武，慨然有吞併之心，後平吳，身不及見，二子有意於功名，而志弗克伸，惜哉！臣庸德薄才，誠不敢妄論古人，伏蒙陛下親灑宸翰，鋪述二三子屯田足食之事，俯以賜臣，臣散不策駑礪鈍，仰副聖意萬一。夫服田力穡，乃亦有秋，農夫職爾，用屯田以足兵食，誠不爲難。臣不揆，願遲之歷月，散以奉詔，要使忠信以進德，不爲君子所棄，則臣將勉其所不逮焉。若夫鞭撻四夷，尊強中國，扶宗社於再安，輔明天子，以享萬世無疆之休，臣竊有區區之志，不知得伸與否也。紹興十年正月初一日武勝定國軍節度使開府儀同三司湖北京西路宣撫使兼營田大使武昌郡開國公食邑四千戶食實封一千七百戶臣岳飛謹書」。

按：作於武昌。黃邦寧編岳忠武王文集：「若夫鞭撻四夷」一語，爲「若夫光復舊物」，併誌之。

滄海叢刊書目（二）

國學類

先秦諸子繫年	錢　穆　著
朱子學提綱	錢　穆　著
莊子纂箋	錢　穆　著
論語新解	錢　穆　著
周官之成書及其反映的文化與時代新考	金春峰　著
尚書學述（上）、（下）	李振興　著
周易縱橫談	黃慶萱　著
考證與反思 ——從《周官》到魯迅	陳勝長　著
左海鉤沈	劉正浩　著

哲學類

哲學十大問題	鄔昆如　著
哲學淺論	張　康　譯
哲學智慧的尋求	何秀煌　著
哲學的智慧與歷史的聰明	何秀煌　著
文化、哲學與方法	何秀煌　著
人性·記號與文明 ——語言·邏輯與記號世界	何秀煌　著
傳統·現代與記號學 ——語言·文化和理論的移植	何秀煌　著
記號·意識與典範 ——記號文化與記號人生	何秀煌　著
邏輯與設基法	劉福增　著
知識·邏輯·科學哲學	林正弘　著
現代藝術哲學	孫　旗　譯
現代美學及其他	趙天儀　著
中國現代化的哲學省思 ——「傳統」與「現代」理性的結合	成中英　著
從中國文化到現代性：典範轉移？	石元康　著
不以規矩不能成方圓	劉君燦　著

恕道與大同	張起鈞 著
現代存在思想家	項退結 著
中國思想通俗講話	錢穆 著
中國哲學史話	吳怡、張起鈞 著
中國百位哲學家	黎建球 著
中國人的路	項退結 著
中國哲學之路	項退結 著
中國人性論	臺大哲學系主編
中國管理哲學	曾仕強 著
孔子學說探微	林義正 著
心學的現代詮釋	姜允明 著
中庸誠的哲學	吳怡 著
中庸形上思想	高柏園 著
儒學的常與變	蔡仁厚 著
智慧的老子	張起鈞 著
老子的哲學	王邦雄 著
老子哲學新論	劉福增 著
當代西方哲學與方法論	臺大哲學系主編
人性尊嚴的存在背景	項退結編訂
理解的命運	殷鼎 著
馬克斯・謝勒三論	阿弗德・休慈原著 江日新 譯
懷海德哲學	楊士毅 著
海德格與胡塞爾現象學	張燦輝 著
洛克悟性哲學	蔡信安 著
伽利略・波柏・科學說明	林正弘 著
儒家與現代中國	韋政通 著
思想的貧困	韋政通 著
近代思想史散論	龔鵬程 著
魏晉清談	唐翼明 著
中國哲學的生命和方法	吳怡 著
生命的轉化	吳怡 著
孟學的現代意義	王支洪 著
孟學思想史論（卷一）	黃俊傑 著
莊老通辨	錢穆 著
墨家哲學	蔡仁厚 著

柏拉圖三論	程石泉 著
倫理學釋論	陳 特 著
儒道論述	吳 光 著
新一元論	呂佛庭 著
儒家思想 ——以創造轉化為自我認同	杜維明 著
煮酒論思潮	陳奎德 著
朱熹哲學思想	金春峰 著

宗教類

佛教思想發展史論	楊惠南 著
佛教思想的傳承與發展 ——印順導師九秩華誕祝壽文集	釋恆清主編
佛典成立史	水野弘元 著 劉欣如 譯
圓滿生命的實現(布施波羅密)	陳柏達 著
薝蔔林・外集	陳慧劍 著
維摩詰經今譯	陳慧劍譯註
龍樹與中觀哲學	楊惠南 著
公案禪語	吳 怡 著
禪學講話	芝峰法師 譯
禪骨詩心集	巴壺天 著
中國禪宗史	關世謙 譯
魏晉南北朝時期的道教	湯一介 著
佛學論著	周中一 著
當代佛教思想展望	楊惠南 著
臺灣佛教文化的新動向	江燦騰 著
釋迦牟尼與原始佛教	于凌波 著
唯識學綱要	于凌波 著
從印度佛教到中國佛教	冉雲華 著
中印佛學泛論 ——傅偉勳教授六十大壽祝壽論文集	藍吉富主編
禪史與禪思	楊惠南 著
禪思與禪詩 ——吟詠在禪詩的密林裡	楊惠南 著

社會科學類

中華文化十二講	錢　穆　著
民族與文化	錢　穆　著
楚文化研究	文崇一　著
中國古文化	文崇一　著
社會、文化和知識分子	葉啟政　著
儒學傳統與文化創新	黃俊傑　著
歷史轉捩點上的反思	韋政通　著
中國人的價值觀	文崇一　著
奉天承運——古代中國的「國家」概念及其正當性基礎	王健文　著
紅樓夢與中國舊家庭	薩孟武　著
社會學與中國研究	蔡文輝　著
比較社會學	蔡文輝　著
我國社會的變遷與發展	朱岑樓主編
三十年來我國人文及社會科學之回顧與展望	賴澤涵主編
社會學的滋味	蕭新煌　著
臺灣的國家與社會	徐正光、蕭新煌主編
臺灣的社區權力結構	文崇一　著
臺灣居民的休閒生活	文崇一　著
臺灣的工業化與社會變遷	文崇一　著
臺灣社會的變遷與秩序（政治篇）、（社會文化篇）	文崇一　著
臺灣的社會發展	席汝楫　著
臺灣社會的人文迷思	葉啟政　著
臺灣與美國社會問題	蔡文輝、蕭新煌主編
鄉村發展的理論與實際	蔡宏進　著
透視大陸	政治大學新聞研究所主編
寬容之路——政黨政治論集	謝延庚　著
周禮的政治思想	周世輔、周文湘　著
儒家政論衍義	薩孟武　著
制度化的社會邏輯	葉啟政　著
自由憲政與民主轉型	周陽山　著
蘇東巨變與兩岸互動	周陽山　著
教育叢談	上官業佑　著

不疑不懼　王洪鈞 著
戰後臺灣的教育與思想　黃俊傑 著
太極拳的科學觀　馬承九編著
兩極化與分寸感
——近代中國精英思潮的病態心理分析　劉笑敢 著
唐人書法與文化　王元軍 著
C 理論——易經管理哲學　成中英 著
人力資源管理　佐護譽原著 / 蘇進安、林有志 譯

史地類

國史新論　錢穆 著
秦漢史　錢穆 著
秦漢史論稿　邢義田 著
三國典略輯校　（唐）丘悅 撰 / 杜德橋(Glen Dudbridge)、趙超 輯校
魏晉史學及其他　逯耀東 著
魏晉史學的思想與社會基礎　逯耀東 著
宋史論集　陳學霖 著
宋代科舉　賈志揚 著
中國人的故事　夏雨人 著
明朝酒文化　王春瑜 著
劉伯溫與哪吒城
——北京建城的傳說　陳學霖 著
歷史圈外　朱桂 著
歷史的兩個境界　杜維運 著
近代中國變局下的上海　陳三井 著
當代佛門人物　陳慧劍編著
弘一大師論　陳慧劍 著
弘一大師傳（修訂新版）　陳慧劍 著
杜魚庵學佛荒史　陳慧劍 著
蘇曼殊大師新傳　劉心皇 著
近代中國人物漫譚　王覺源 著
近代中國人物漫譚續集　王覺源 著

影響現代中國第一人 ——曾國藩的思想與言行	石永貴編著
魯迅這個人	劉心皇 著
沈從文傳	凌宇 著
胡適與當代史學家	逯耀東 著
三十年代作家論	姜穆 著
三十年代作家論續集	姜穆 著
當代臺灣作家論	何欣 著
史學圈裏四十年	李雲漢 著
師友風義	鄭彥棻 著
見賢集	鄭彥棻 著
思齊集	鄭彥棻 著
懷聖集	鄭彥棻 著
憶夢錄	呂佛庭 著
古傑英風 ——歷史傳記文學集	萬登學 著
走向世界的挫折 ——郭嵩燾與道咸同光時代	汪榮祖 著
周世輔回憶錄	周世輔 著
三生有幸	吳相湘 著
孤兒心影錄	張國柱 著
我這半生	毛振翔 著
我是依然苦鬪人	毛振翔 著
八十憶雙親、師友雜憶（合刊）	錢穆 著
烏啼鳳鳴有餘聲	陶百川 著
日記(1968～1980)	杜維明 著

語文類

標點符號研究	楊遠編著
訓詁通論	吳孟復 著
翻譯偶語	黃文範 著
翻譯新語	黃文範 著
翻譯散論	張振玉 著
中文排列方式析論	司琦 著
杜詩品評	楊慧傑 著
詩中的李白	楊慧傑 著

寒山子研究　陳慧劍 著
司空圖新論　王潤華 著
詩情與幽境——唐代文人的園林生活　侯迺慧 著
歐陽修詩本義研究　裴普賢 著
品詩吟詩　邱燮友 著
談詩錄　方祖燊 著
情趣詩話　楊光治 著
歌鼓湘靈——楚詩詞藝術欣賞　李元洛 著
中國文學鑑賞舉隅　黃慶萱、許家鸞 著
中國文學縱橫論　黃維樑 著
漢賦史論　簡宗梧 著
古典今論　唐翼明 著
亭林詩考索　潘重規 著
浮士德研究　李辰冬 著
十八世紀英國文學——諷刺詩與小說　宋美瑾 著
蘇忍尼辛選集　劉安雲 譯
文學欣賞的靈魂　劉述先 著
小說創作論　羅盤 著
小說結構　方祖燊 著
借鏡與類比　何冠驥 著
情愛與文學　周伯乃 著
鏡花水月　陳國球 著
文學因緣　鄭樹森 著
解構批評論集　廖炳惠 著
細讀現代小說　張素貞 著
續讀現代小說　張素貞 著
現代詩學　蕭蕭 著
詩美學　李元洛 著
詩人之燈——詩的欣賞與評論　羅青 著
詩學析論　張春榮 著
修辭散步　張春榮 著
修辭行旅　張春榮 著

橫看成嶺側成峯	文曉村　著
大陸文藝新探	周玉山　著
大陸文藝論衡	周玉山　著
大陸當代文學掃描	葉穉英　著
走出傷痕 ——大陸新時期小說探論	張子樟　著
大陸新時期小說論	張　放　著
大陸新時期文學（1977－1989） ——理論與批評	唐翼明　著
大陸「新寫實小說」	唐翼明　著
兒童文學	葉詠琍　著
兒童成長與文學	葉詠琍　著
累廬聲氣集	姜超嶽　著
林下生涯	姜超嶽　著
青　春	葉蟬貞　著
牧場的情思	張媛媛　著
萍踪憶語	賴景瑚　著
現實的探索	陳銘磻　編
一縷新綠	柴　扉　著
金排附	鍾延豪　著
放　鷹	吳錦發　著
黃巢殺人八百萬	宋澤萊　著
泥土的香味	彭瑞金　著
燈下燈	蕭　蕭　著
陽關千唱	陳　煌　著
種　籽	向　陽　著
無緣廟	陳艷秋　著
鄉　事	林清玄　著
余忠雄的春天	鍾鐵民　著
吳煦斌小說集	吳煦斌　著
卡薩爾斯之琴	葉石濤　著
青囊夜燈	許振江　著
我永遠年輕	唐文標　著
思想起	陌上塵　著
心酸記	李　喬　著
孤獨園	林蒼鬱　著